"十四五"职业教育国家规划教材

国家卫生健康委员会"十四五"规划教材

全国高等职业教育专科教材

供护理、助产专业用

护理学导论

第 5 版

主　编　侯玉华

副主编　柏晓玲

编　者　（以姓氏笔画为序）

王艾青（河南护理职业学院）　　　　　侯玉华（济南护理职业学院）

王庆妍（徐州医科大学）　　　　　　　姜　颖（四川护理职业学院）

田芬霞（沧州医学高等专科学校）　　　姚　兰（大连医科大学附属第一医院）

白彩锋（宁夏医科大学）　　　　　　　黄　颖（重庆医药高等专科学校）

刘晓涵（济南护理职业学院）（兼秘书）　黄求进（哈尔滨医科大学附属第一医院）

李　慧（郑州卫生健康职业学院）　　　董云青（山东医学高等专科学校）

何见平（湖北职业技术学院）　　　　　詹文娴（上海健康医学院）

柏晓玲（贵州护理职业技术学院）　　　魏　娜（大庆医学高等专科学校）

新形态教材

人民卫生出版社

·北京·

图书在版编目（CIP）数据

护理学导论 / 侯玉华主编. -- 5 版. -- 北京：人民
卫生出版社，2025.5（2025.9重印）. --（高等职业教育
专科护理类专业教材）. -- ISBN 978-7-117-37990-8

Ⅰ. R47

中国国家版本馆 CIP 数据核字第 2025N84M90 号

人卫智网	www.ipmph.com	医学教育、学术、考试、健康， 购书智慧智能综合服务平台
人卫官网	www.pmph.com	人卫官方资讯发布平台

护理学导论

Hulixue Daolun

第 5 版

主　　编：侯玉华
出版发行：人民卫生出版社（中继线 010-59780011）
地　　址：北京市朝阳区潘家园南里 19 号
邮　　编：100021
E - mail：pmph @ pmph.com
购书热线：010-59787592　010-59787584　010-65264830
印　　刷：人卫印务（北京）有限公司
经　　销：新华书店
开　　本：850×1168　1/16　　印张：9
字　　数：254 千字
版　　次：2001 年 5 月第 1 版　　2025 年 5 月第 5 版
印　　次：2025 年 9 月第 3 次印刷
标准书号：ISBN 978-7-117-37990-8
定　　价：45.00 元
打击盗版举报电话：010-59787491　E-mail：WQ @ pmph.com
质量问题联系电话：010-59787234　E-mail：zhiliang @ pmph.com
数字融合服务电话：4001118166　E-mail：zengzhi @ pmph.com

高等职业教育专科护理类专业教材是由原卫生部教材办公室依据原国家教育委员会"面向21世纪高等教育教学内容和课程体系改革"课题研究成果规划并组织全国高等医药院校专家编写的"面向21世纪课程教材"。本套教材是我国高等职业教育专科护理类专业的第一套规划教材,于1999年出版后,分别于2005年、2012年和2017年进行了修订。

随着《国家职业教育改革实施方案》《关于深化现代职业教育体系建设改革的意见》《关于加快医学教育创新发展的指导意见》等文件的实施,我国卫生健康职业教育迈入高质量发展的新阶段。为更好地发挥教材作为新时代护理类专业技术技能人才培养的重要支撑作用,在全国卫生健康职业教育教学指导委员会指导下,经广泛调研启动了第五轮修订工作。

第五轮修订以习近平新时代中国特色社会主义思想为指导,全面落实党的二十大精神,紧紧围绕立德树人根本任务,以打造"培根铸魂、启智增慧"的精品教材为目标,满足服务健康中国和积极应对人口老龄化国家战略对高素质护理类专业技术技能人才的培养需求。本轮修订重点:

1. **强化全流程管理。**履行"尺寸教材、国之大者"职责,成立由行业、院校等参与的第五届教材建设评审委员会,在加强顶层设计的同时,积极协同和发挥多方面力量。严格执行人民卫生出版社关于医学教材修订编写的系列管理规定,加强编写人员资质审核,强化编写人员培训和编写全流程管理。

2. **秉承三基五性。**本轮修订秉承医学教材编写的优良传统,以专业教学标准等为依据,基于护理类专业学生需要掌握的基本理论、基本知识和基本技能精选素材,体现思想性、科学性、先进性、启发性和适用性,注重理论与实践相结合,适应"三教"改革的需要。各教材传承白求恩精神、红医精神、伟大抗疫精神等,弘扬"敬佑生命、救死扶伤、甘于奉献、大爱无疆"的崇高精神,契合以人的健康为中心的优质护理服务理念,强调团队合作和个性化服务,注重人文关怀。

3. **顺应数字化转型。**进入数字时代,国家大力推进教育数字化转型,探索智慧教育。近年来,医学技术飞速发展,包括电子病历、远程监护、智能医疗设备等的普及,护理在技术、理念、模式等方面发生了显著的变化。本轮修订整合优质数字资源,形成更多可听、可视、可练、可互动的数字资源,通过教学课件、思维导图、线上练习等引导学生主动学习和思考,提升护理类专业师生的数字化技能和数字素养。

第五轮教材全部为新形态教材,探索开发了活页式教材《助产综合实训》,供高等职业教育专科护理类专业选用。

侯玉华

教授

济南护理职业学院护理系党支部书记，山东省高等职业院校教学名师，山东省教育系统党务工作先锋，中华护理学会高等护理教育专业委员会专家库成员。兼任山东省护理学会理事、山东省卫生职业教育专业建设指导委员会护理专业分委会副主任委员、山东省护理学会第八届护理教育专业委员会委员、济南市应急救护技术学会副理事长等。

主要研究方向：护理教育，老年护理。山东省职业教育教学创新团队、山东省高校黄大年式教师团队负责人、山东省职业教育技艺技能传承创新平台、山东省职业教育在线精品课程主持人，主持省级人文社科、教改项目5项，获得山东省教育科学研究优秀成果一等奖，主编国家规划教材、论著15部，在核心期刊发表论文10余篇。

青春须早为，岂能长少年。在快乐中学习，在学习中成长，让知识的力量为你的人生之路照亮前行的方向。愿你们始终保持对护理的热爱，在将来的护理职业中获得更多的成就，为祖国的健康事业贡献自己的力量！

　　护理学导论是护理专业学生进入专业学习的一门重要基础课程。本课程的主要目的是引导学生了解护理学的发展历史和发展趋势，掌握护理学的基础理论及学科框架，熟悉护理学的基本概念和工作模式，掌握科学的临床护理思维方法，建构护理专业的理论基础，为全面提高学生的基本专业素质，提高学生独立思考、分析问题和解决问题的能力，提高学生的创新思维能力奠定良好的基础。

　　依据全国高等职业教育专科护理类专业规划教材评审委员会的修订要求，本书在广泛征求师生及其他读者意见和建议的基础上，充分吸纳了前一版教材的优点，对全书进行了系统的修订，增加了护理专业的新理论和新知识，体现了党的二十大精神的相关内容。此外，第二章增加了"医疗卫生政策与保健体系"的内容；增加了第八章"健康管理与健康教育"的内容；增加了第十章"护理与法"的内容，目的在于完善护理知识体系，拓展学生的临床思维。

　　本次教材修订在充分体现教材"三基、五性"的基础上，注重增加和更新护理理论知识，突出教材在新的历史进程中的立体化、多元化，运用数字化媒体和现代化信息手段，通过教学课件、微课等多种方式，赋予教材更丰富的内涵、更生动的临床情境、更新颖的学习方式、更富魅力的学习活动，使教材成为师生学习的"挚友"。

　　　　本教材在编写过程中，得到各位编者的鼎力相助和真诚合作，在此表示衷心的感谢！

　　由于编者水平及能力有限，本书难免会有疏漏之处，敬请广大师生及护理同仁予以指正，以使本教材能够日臻完善。

教学大纲
（参考）

侯玉华

2025 年 4 月

目 录

第一章 | 绪 论

ER 1-1 教学课件　ER 1-2 思维导图

情境导入

患者,男,66 岁,因"反复心前区闷痛 3 年余,加重并伴气促、冷汗 2 小时"于上午 10:30 被抬送入院,门诊以"急性心肌梗死"收入院。患者入院后立即被收入冠心病监护治疗病房(CCU)进行心电监护及抢救,护士 24 小时为其进行护理。责任护士小周对患者的病情密切观察并进行记录,遵医嘱为其实施吸氧、止痛等措施。1 周后患者的病情明显好转,情绪稳定,能下床轻微活动,无气急、胸闷,胸痛缓解。护士小周嘱其一定要戒烟限酒,保持乐观、平和、稳定的心情,并为其进行有关饮食、用药、运动以及自救等方面的指导。患者自我感觉症状逐渐减轻,与医护人员交流后做好了出院的准备。

请思考:

1.上述情境体现了何种护理工作方式?

2.护士小周在为患者护理时体现了哪些护理工作的内容?

3.上述情境体现出护理学的主要任务是什么?

护理学(nursing)是一门以自然科学与社会科学为理论基础,研究有关预防保健、治疗疾病、恢复健康过程中的护理理论、知识、技术及其发展规律的综合性应用学科。其研究内容及范畴涉及影响人类健康的生物、心理、社会等各个方面的因素,通过应用科学的思维方法对护理现象进行整体的研究,从而揭示护理的本质及其发展规律。

第一节　护理学的发展史

护理学的形成及发展与人类文明、科学的进步息息相关,人类健康水平的提高和社会需求的不断变化深刻影响着护理实践,并推动着护理学的发展。了解护理学的发展历史,有助于提高对护理学本质的认识和理解,明确护理工作的目标,准确预测护理专业的发展趋势,更好地满足社会发展对护理服务的需求,促进人类健康水平的提升。

一、国外护理学的发展过程

人类为了生存，在同自然界的斗争中积累了许多生活和生产经验，逐渐形成"自我保护"式的医疗照护。例如用溪水清洗伤口防止伤口恶化，火的发明促使人类认识到熟食可减少胃肠道疾病，腹部不适时按摩可减轻疼痛等。

为抵御恶劣的生活环境，早期人类逐渐按血缘关系聚居，形成了以家族为中心的母系氏族社会，妇女担负起照顾家中伤病者的责任，形成了原始社会"家庭式"医护合一的照护方式。

中世纪的护理服务逐渐由"家庭式"转向了"社会化和组织化的服务"。当时的护理工作多限于简单的生活照料。

近代医学逐渐朝着科学的方向发展成为一门独立的专业。但此时护理工作却停滞不前，护理的发展与医学的进步极不相称。

19世纪中叶，弗洛伦斯·南丁格尔首创了科学的护理专业，使护理逐步走上了科学的发展轨道，这是护理学发展的一个重要转折点，也是护理专业化的开始。她对护理学的主要贡献可概括如下：

1. 首创了科学的护理专业　南丁格尔对护理事业的杰出贡献在于她使护理走向科学的专业化道路，使护理从医护合一的状态中成功地分离出来。她认为护理是一门艺术，需要有组织性、实践性及科学性为基础。她确定了护理学的概念和护士的任务，提出了公共卫生的护理思想，重视服务对象的生理及心理护理，并发展了自己独特的护理环境学说。她对护理专业及其理论的概括和论述形成了护理学知识体系的雏形，奠定了护理学的理论基础，确立了护理专业的社会地位和科学地位，推动护理学成为一门独立的科学。

2. 创办了世界上第一所护士学校　1860年，南丁格尔在英国创办了世界上第一所护士学校，为现代护理教育奠定了基础。

3. 著书立说指导护理工作　南丁格尔一生撰写了大量的笔记、报告和论著，其中最具有代表性的著作是《医院札记》和《护理札记》。在《医院札记》中，她阐述了自己对改革医院管理及建筑方面的构思、意见及建议。《护理札记》被认为是护士必读的经典著作，她在书中指出了环境、个人卫生、饮食对服务对象的影响。时至今日南丁格尔的理念和思想对护理实践仍有指导意义，她的论著奠定了近代护理专业的理论基础。

4. 创立了护理管理制度　南丁格尔首先提出了护理要采用系统化的管理方式，使护士担负起护理患者的责任；授予护士适当的权利，以充分发挥护士的潜能；要求每个医院必须设立护理部，由护理部主任负责全院的护理管理工作。此外，她还制订了关于医院设备及环境方面的管理要求，促进了护理工作质量和效率的提高。

1912年国际护士会建立了南丁格尔国际护士基金会，设立奖学金以供各国优秀护士进修学习之用，并将南丁格尔的诞生之日即5月12日定为国际护士节；同年国际红十字会决定设立南丁格尔奖章。我国护理专家王琇瑛女士于1983年获得了第29届南丁格尔奖章，成为中国首位获得此项荣誉的护士。截至2023年我国已有90位优秀护士获此殊荣。

> **知识拓展**
>
> ### 南丁格尔奖章简介
>
> 南丁格尔奖章是国际护理学界的最高荣誉奖。1912年，国际红十字会正式确定颁发南丁格尔奖章。这项奖章每两年颁发一次，每次最多颁发50枚奖章，奖励在护理工作中作出杰出贡献的人士，包括以身殉职的护士，表彰他们在战时或和平时为伤员、患者和残疾人忘我服务的献身精神。

南丁格尔奖章见图1-1。

南丁格尔奖
获得者

图1-1　南丁格尔奖章

　　从19世纪开始，现代护理学的发展与各国的经济、文化、教育的发展及妇女的地位、人民生活水平的提高密切相关。现代护理学从职业向专业的发展主要表现为以下几个方面：

　　1. 建立完善的护理教育体制　自1860年后，欧美许多国家建立了南丁格尔式的护士学校，并逐渐完善了护理高等教育体系。以美国为例，1901年约翰霍普金斯大学开设了专门的护理课程。1924年耶鲁大学首先成立护理学院，学生毕业后取得护理学士学位，1929年耶鲁大学开设硕士学位。1964年加州大学旧金山分校开设了第一个护理博士学位课程。世界其他国家及地区也创建了许多护士学校及护理学院，使护理教育形成了多层次、体制完善的教育体制。

　　2. 护理向专业化方向发展　随着对护理理论的深入研究和对护理科研的重视以及各种护理专业团体的形成，护理作为一门为大众健康事业服务的专业，得到了进一步的发展。

　　3. 护理管理体制的建立　继南丁格尔之后，世界各国都相继应用南丁格尔的护理管理模式，并将管理学的原理和方法应用到护理管理中，强调了护理管理中的人性管理，并指出护理管理的核心是质量控制。同时护理管理的要求更加具体及严格，如美国护理协会对护理管理者有具体的资格及角色要求。

　　4. 临床护理分科的形成　护理的发展逐渐走向专科化。随着科技的发展及现代治疗手段的不断丰富，护理的专科化趋势越来越明显，除了传统的内、外、妇、儿、急诊等分科外，还有重症监护、血液透析、社区及家庭护理等不同的护理分科。

> **知识拓展**
>
> ## 世界卫生组织
>
> 　　世界卫生组织（World Health Organization，WHO）是联合国专门机构之一，共有194个成员国。1946年国际卫生大会通过了《世界卫生组织组织法》，1948年4月7日世界卫生组织宣告成立，总部设在瑞士日内瓦。中国是世界卫生组织的创始国之一，参加了1946年的国际卫生大会。
>
> 　　世界卫生组织的宗旨是使全世界人民获得尽可能高水平的健康。

二、中国护理学的发展过程

（一）古代护理

　　我国古代护理是伴随着中国传统医学的发展而产生的。中国传统医学的特点是将人看成一个整体,医、药、护不分,护理寓于医药之中,强调"三分治,七分养",其中的"养"即为护理。在中国传统医学悠久的发展历史中,许多经典的医学巨著都记载着丰富的护理技术和理论内容,展现出鲜明的护理思想和内涵。例如《黄帝内经》中记载的疾病与饮食调节、精神因素、环境和气候改变的关系;东汉末年名医张仲景发明了灌肠术、人工呼吸和舌下给药法;三国时期一代名医华佗编创五禽戏,提倡强身健体等。

中国传统医学是我国几千年历史文化的灿烂瑰宝,孕育其中的中医护理虽然没有形成独立的学科,但却为我国护理学的产生与发展奠定了丰富的理论与技术基础。

(二)近代护理

1888 年,美籍约翰逊女士在福州开办了中国第一所护士学校。

1909 年,"中国护士会"在江西牯岭正式成立(1951 年改为中华护士会,1964 年改为中华护理学会至今)。

1914 年,钟茂芳女士认为从事护理工作的人员应具有必要的科学知识,故将"nurse"一词译为"护士",一直沿用至今。

1920 年,北京协和医学院开办高等护理教育,培养了一批水平较高的护理师资和护理管理人员。

1931 年,在江西汀州开办了"中央红色护士学校"。

1941 年,在延安成立了"中华护士学会延安分会"。

至 1949 年统计全国共建立护士学校 183 所,有护士 3 万余人。

知识拓展

国际护士会简介

国际护士会是各国护士学会的联盟,是独立的非政府性的组织,于 1899 年建立,是世界上历史悠久的医药卫生界的专业性国际组织。其宗旨是促进各国护士学会的发展和壮大,提高护士地位及护理水平,并为各会员团体提供一个媒介以表达其利益、需要及关心的问题。国际护士会每 4 年举行一次大会,出版双月刊《国际护理综述》和专业性书籍,颁布并定期修订《护士准则》。我国于 1922 年加入了国际护士会。

(三)现代护理

1. 护理教育

(1)**中等护理教育**:1950 年在北京召开了第一届全国卫生工作会议,此次会议对护理专业教育进行统一规划,将护理教育定为中等职业教育,规定了护士学校的招生条件,制订了全国统一的护理专业教学计划,编写出版了 21 本有关护理的专业教材,使护理教育步入国家正规教育体系,为国家培养了大批合格的护理人才。

(2)**高等护理教育**:1983 年天津医学院(现天津医科大学)率先在国内开设了 5 年制本科护理专业,学生毕业后获得学士学位。

(3)**硕士、博士教育**:1992 年北京医科大学(现北京大学医学部)开始招收护理硕士研究生。2004 年第二军医大学等开始招收护理博士研究生。北京大学护理学一级学科于 2014 年获批博士后流动站。目前,我国已形成了多层次、多渠道的护理学历教育体系。

(4)**继续护理教育**:1987 年,国家发布了《关于开展大学后继续教育的暂行规定》。之后国家人事部又颁发了相应的文件,规定了继续教育的要求。1996 年,卫生部继续医学教育委员会正式成立。1997 年,卫生部继续教育委员会护理学组成立,标志着我国的护理学继续教育正式纳入国家规范化的管理。1997 年,中华护理学会制订了护理继续教育的规章制度及学分授予办法,使护理继续教育更加制度化、规范化及标准化。

2. 护理实践 自 1950 年以来，我国临床护理工作一直以疾病为中心，护理技术操作常规多围绕完成医疗任务而制订，医护分工明确，护士为医生的助手，护理工作处于被动状态。1980 年以后，随着改革开放政策的实施、国内外频繁的护理学术交流、医学模式的转变，临床护理开始探讨以患者为中心的整体护理模式并付诸实践，为患者提供积极、主动的护理服务。同时，护理工作的范围不断扩大，新的护理技术的应用得到普及，重症监护、介入治疗等专科护理正在迅速发展。护理工作的范围延伸到社区和家庭，家庭护理、社区护理广泛开展，推动了护理实践的创新发展。

3. 护理管理

(1) **建立健全护理管理系统**：为加强对护理工作的领导，完善护理管理体制，1982 年，卫生部医政司设立了护理处，负责全国的护理管理，制定了有关政策、法规。各省、自治区、直辖市卫生厅(局)在医政处下设专职护理干部，负责管辖范围的护理管理。300 张以上床位的医院均设立护理部，实行护理三级管理制；300 张床位以下的医院由总护士长负责，实行护理二级管理制。护理部负责护士的培训、调动、任免、考核、晋升及奖励等，充分发挥护理部在医院管理中的作用，保障了医院的护理质量。

(2) **建立晋升考核制度**：1979 年，卫生部颁发了《卫生技术人员职称及晋升条例(试行)》，明确规定了护理专业人员的技术职称。高级技术职称为主任护师、副主任护师，中级技术职称为主管护师，初级技术职称为护师、护士。护士具有了完善的护理晋升考试制度。

(3) **建立护士执业考试与注册制度**：1993 年，卫生部颁发了《中华人民共和国护士管理办法》。1995 年 6 月，全国举行了首次护士执业考试。凡在我国从事护士工作的人员，都必须通过国家护士执业考试，合格者方可取得护士执业证书、申请注册。

截至 2023 年底，全国注册护士总量达到 563 万人，每千人口注册护士数达到 4 人。

(4) **建立"以患者为中心"的优质护理服务模式**：通过实施护理专业的国家临床重点专科建设项目，加强护理学科建设，护理专业水平不断提高。通过实施"以患者为中心"的优质护理服务，改革护理服务模式，护理服务面貌持续改善，患者对护理的满意度不断提高。护理科学管理水平提升，护士的积极性得到有效调动。以实施护理岗位管理为切入点，不断改革创新护理管理体制机制，在护士人力资源科学管理、护理质量持续改进、科学绩效考核和薪酬分配等方面，积极探索实践取得良好效果，有效调动了护士队伍的积极性。

4. 护理科研 随着护理教育的发展，越来越多接受了高等护理教育的护士进入临床、教育和管理岗位，推动了护理科学研究的发展。护理科学研究在选题的先进性、方法的科学性、结果的准确性等方面均有较大发展。护理科学研究水平的提高，使护士撰写论文的数量和质量也显著提升，护理期刊的种类增加、栏目多样、内容丰富、质量提高。1993 年，中华护理学会第 21 届理事会设立了"护理科技进步奖"，每两年评选一次。2009 年，该奖项被科技部批准的"中华护理学会科技奖"所代替，成为中国护理学科最高奖项，标志着我国护理科研正迈向快速发展的科学轨道。

5. 学术交流 1980 年以后，随着我国改革开放政策的实施，中华护理学会逐步开展了与国际护理学术之间的交流，并与许多国家建立了良好护理学术联系，采取互访交流、互派讲学、培训师资、联合培训等方式与国际护理界进行沟通，促进了我国护理事业的快速发展。

(四) 中国护理的发展趋势

新时期我国护理的发展将以健康中国建设为根本目标，以人民健康为中心，以群众需求为导向，以护理高质量发展和改革创新为动力，加强护士队伍建设，丰富护理服务内涵与外延，提升护理管理水平，推动护理高质量发展，构建全方位全周期的护理服务。

1. 优化护理资源布局，增加护理服务供给，完善护理服务体系 结合人口结构变化、疾病谱特点及群众医疗、护理服务需求，健全覆盖急性期诊疗、慢性期康复、稳定期照护、终末期关怀的护理服务体系。健全完善不同医疗机构之间定位明确、分工协作的护理服务体系。三级医院主要提供疑难、急危重症患者护理,加强护理学科建设和人才培养;二级医院主要提供常见病、多发病护理;护理院、护理中心、康复医疗中心、安宁疗护中心、基层医疗机构等主要提供老年护理、康复护理、长期照护、安宁疗护等服务。

2. 持续增加护士数量,规范开展护士培训,加强护士队伍建设 采取有效措施增加护士队伍数量,特别是从事老年护理、儿科护理、中医护理、社区护理、传染病护理和安宁疗护工作的护士以及在基层医疗机构工作的护士数量。

科学合理安排护士培训,加强新入职护士和护理管理人员培训,建立以岗位需求为导向、以岗位胜任力为核心的护士培训制度。加强临床护士"三基三严"培训,结合群众护理需求和护理学科发展,有针对性地开展老年、儿科、传染病等紧缺护理专业护士的培训。

3. 推动护理高质量发展,提高护理服务质量 持续深化优质护理。持续扩大优质护理服务覆盖面,落实护理核心制度,做实责任制整体护理,夯实基础护理质量,强化护理人文关怀,优化护理服务流程,实现优质护理服务扩面提质,有效提升患者获得感。

创新护理服务模式。支持医疗机构积极提供"互联网+护理服务"、延续护理、上门护理等,将机构内护理服务延伸至社区和居家,为出院患者、生命终末期患者或行动不便、高龄体弱、失能失智老年人提供便捷、专业的医疗、护理服务。

加强护理学科建设。以满足重大疾病、重点人群的临床护理需求为导向,加强护理学科建设,以学科建设带动护理人才培养和护理服务能力提升。

专科护理的
发展现状

4. 以需求为中心,推动护理实践专科化

(1)临床护理进一步向专科化的方向发展:20世纪中期,国际高级护理实践活动推动了我国护理专科化的实践。我国专科护理近年来进入快速发展阶段,不断探索开业护士及其他高级护理实践护士的培养。我国在相对成熟的专科护理领域,如重症监护、血液透析、伤口造口、介入治疗等领域逐步发展专科护士队伍。

(2)加快发展社区护理:我国经济社会的发展和老龄化进程的加速对护理事业的发展提出了新课题。健康中国理念要求我们树立大卫生、大健康的观念,把以治病为中心转变为以人民健康为中心,关注生命全周期、健康全过程。护理服务于人的生老病死全过程,而社区护理在满足人民群众的健康需求方面承担着重要职能。所以,国家将大力加强社区护理队伍建设,增加社区护理人才配备,加强社区护士培训,使社区护理人才队伍在加快建设分级诊疗制度和推进家庭医生签约服务制度中,发挥积极作用,提高基层医疗卫生机构的护理服务能力,特别是健康管理、康复促进、老年护理、妇幼保健等方面的服务能力,提供符合社区人群健康服务需要的多样化护理服务。

(3)大力发展老年护理:我国实施积极应对人口老龄化国家战略,优先发展养老事业和养老产业,优化孤寡老人服务,推动实现全体老年人享有基本养老护理服务。社会及卫生服务体系要逐步建立以机构为支撑、社区为依托、居家为基础的老年护理服务体系,加强老年护理服务队伍建设,开展老年护理从业人员培训,发展医养结合,不断提高服务能力。加快健全完善老年护理相关服务指南和规范,为老年患者提供健康管理、康复促进、长期护理等服务,为老年人提供治疗期住院、康复期护理、稳定期生活照料、安宁疗护一体化的健康养老服务。

(4)推动中医护理发展:健全和完善中医护理常规、方案和技术操作标准。在护理服务中积极开展辨证施护和中医特色专科护理,持续提升中医护理服务质量,创新中医护理服务模式,发挥中医护理在疾病的预防、治疗、康复等方面的重要作用,促进中医护理进一步向基层和家庭拓展,向老年护理、慢性病护理领域延伸。强化中医护理人才的培养,切实提高中医护理服务能力。

5. 加强交流与合作,推动护理工作的国际化 深入开展与国际及港澳台地区间护理领域的合作与交流,在护理管理、制度政策、人才培养、护理技术等方面加大交流合作的力度。充分借鉴先进理念和实践经验,结合我国国情,健全完善护理高质量发展的相关政策,培养具有国际视野和相应知识与技能的高素质人才。

第二节 护理学的任务、范畴、工作方式

一、护理学的任务

随着护理学科的发展,患者的群体构成发生了转变,护理工作的范围也超越了疾病的护理,扩展到生命的全过程,这一切促使护理学的任务发生深刻的变化。1978 年 WHO 指出:"护士作为护理的专业工作者,其唯一的任务就是帮助患者恢复健康,帮助健康人促进健康。"护理学的目标是在尊重人的需要和权利的基础上,提高人的生命质量。通过护理工作,保护全人类的健康,提高整个人类社会的健康水平。

(一)促进健康

促进健康是帮助个体、家庭和社区获取在维持或增进健康时所需要的知识及资源。这类护理实践活动包括教育人们对自己的健康负责并建立健康的生活方式、提供有关营养和膳食变化的咨询、解释加强锻炼的意义、告知吸烟对人体的危害、指导安全有效用药、预防意外伤害和提供健康信息以帮助人们利用健康资源等。促进健康的目标是帮助人们维持最佳健康水平或健康状态。

(二)预防疾病

预防疾病是人们采取行动积极地控制不良行为和健康危险因素,以预防和对抗疾病的过程。预防疾病的护理实践活动包括开展健康教育、增强免疫力、预防各种传染病、提供疾病自我监测的技术、提供临床和社区的保健设施等。预防疾病的目标是通过预防措施帮助人们减少或消除不利于健康的因素,避免或延迟疾病的发生,阻止疾病的恶化,减少残疾,促进康复,使之达到最佳的健康状态。

(三)恢复健康

恢复健康是帮助患者在患病或有影响健康的问题后,改善其健康状况,提高健康水平。这类护理实践活动包括为患者提供直接护理,如执行药物治疗、提供生活护理;进行护理评估,如测量生命体征等;与其他卫生保健专业人员共同协助残障者参与他们力所能及的活动,将残障损害降到最低限度,指导患者进行康复训练活动,使其从活动中得到锻炼、获得自信,以利于恢复健康。恢复健康的目标是运用护理学的知识和技能帮助患者解决已经出现的健康问题,改善其健康状况。

(四)减轻痛苦

减轻痛苦是护士掌握并运用护理知识和技能,在临床护理实践中帮助处于疾病状态的个体解除身心痛苦、战胜疾病。这类护理实践活动包括帮助患者尽可能舒适地带病生活,提供必要的支持以帮助其应对功能减退或丧失;对临终患者提供安慰和关怀照护,使其在生命的最后阶段能获得舒适,从而平静、安详、有尊严地走完人生旅程。

二、护理学的范畴

护理学是生命科学领域中的一门应用性学科。随着现代科学的高度分化和广泛综合,护理学与自然科学、社会科学、人文科学等多学科相互交叉渗透,形成独立的学科体系。

(一)护理学的理论范畴

1.护理学研究的对象、任务、目标 是护理学建设的基础,并随着护理学发展而不断变化。护理学的主要研究目标是人类健康,服务对象不仅包括患者,也包括健康人;护理学研究的主要任务是应用护理理论、知识、技能进行促进健康、预防疾病、恢复健康、减轻痛苦的护理实践活动,从而

为患者提供个别性、整体性及连续性的服务。

2. 护理学理论体系 是指导护理专业实践的基础，是对护理现象系统的、整体的看法，以描述、解释、预测和控制护理现象。20世纪中期，护理先驱者们开始探索并发展了一些护理概念框架和理论模式，如奥瑞姆的自理理论、罗伊的适应模式、纽曼的健康系统模式等。这些理论用科学的方法描述和解释护理现象，从科学的角度诠释了护理工作的性质，阐述了护理知识的范围和体系，确立了护理理念和价值观，指导了护理专业的发展方向。随着护理实践新领域的开辟，将会建立和发展更多的护理理论内容，使护理学理论体系日益丰富和完善。

3. 护理学与社会发展的关系 其主要研究护理学在社会中的作用、地位和价值，研究社会对护理学的影响及社会发展对护理学的要求等。例如社会老龄化进程的加速、慢性病患者的增加等促进社区护理的发展，使护士的工作范围得以延伸；信息化技术的快速发展为护理事业的发展创造了有利条件。

4. 护理学分支学科及交叉学科 随着现代科学的高度分化和广泛综合，护理学与自然科学、社会科学、人文科学等多学科相互交叉渗透，形成了许多新的综合型、边缘型的交叉学科，如护理心理学、护理美学、护理教育学、护理管理学，以及老年护理学、社区护理学、急救护理学等一批分支学科，大大地推动了护理学科体系的构建和完善。

（二）护理学的实践范畴

1. 临床护理 临床护理的服务对象是患者，其内容包括基础护理和专科护理。

（1）**基础护理**：应用护理学的基本理论、基本知识和基本技能来满足患者的基本生活、心理、治疗和康复的需要，如膳食护理、排泄护理、病情观察等。基础护理是各专科护理的基础。

（2）**专科护理**：以护理学及相关学科理论为基础，结合各专科患者的特点及诊疗要求，为患者提供护理，如各专科患者的护理、急救护理、康复护理、老年护理等。

2. 社区护理 以临床护理的理论、技能为基础，根据社区的特点，对社区范围内的居民及社会群体开展疾病预防，如妇幼保健、家庭护理、预防接种、卫生宣传、健康教育及防疫灭菌等工作，以帮助人们建立良好的生活方式，促进全民健康水平的提高。

3. 护理教育 以护理学和教育学理论为基础，适应现代医学模式的转变和护理学发展的需要，以满足现代护理工作的需求为目标，培养德、智、体、美、劳全面发展的护理人才。护理教育一般划分为基础护理学教育、毕业后教育和继续教育三大类。

4. 护理管理 是运用现代管理学的理论和方法，对护理工作的诸要素——人、财、物、时间、信息等进行科学的计划、组织、人员管理、指导与控制等。系统化管理确保了护理工作正确、及时、安全、有效地开展，为患者提供了完善、优质的服务，提高了护理工作的效率，提高了护理工作质量。

5. 护理科研 是运用观察、科学实验、调查分析等方法揭示护理学的内在规律，促进护理理论、知识、技能和管理模式的更新和发展。护士有责任通过科学研究的方法推动护理学的发展。

三、护理工作方式

1. 个案护理 临床上由一名护士护理一位患者，即由专人负责实施个体化护理的方式，称为个案护理。其适用于危重患者或某些特殊患者的护理和临床教学。

个案护理的工作特点是护士负责完成患者的全部护理活动，责任明确；护士能全面掌握患者的情况，及时满足患者的各种护理需要；在工作中可以使护士的才能得到充分的发挥，体现个人才能，满足其成就感；有利于建立良好的护患关系。但这种工作方法耗费大量人力，并且护士只能在班负责，不能实施连续性护理。

2. 功能制护理 是以完成医嘱和执行各项常规的基础护理为主要工作内容，依据工作性质将护理工作分配给护士。护士被分为"办公室护士""治疗护士""巡回护士"等，是一种流水作业的工作方法。其适用于护理人力资源缺乏，工作任务繁重的科室。

功能制护理的工作特点是护士分工明确，任务单一，易于组织管理，节省人力。但这种工作方法缺少与患者的交流，工作机械重复，易导致护士疲劳厌烦、知识面变窄，忽视患者身心的整体护理，难以获得认同与尊重，护士的工作满意度下降。

3. 小组制护理 是以分组的形式对患者进行整体护理。小组成员由不同级别的护士组成，组长负责制订护理计划和措施，安排小组成员完成工作任务，共同实现护理目标。一般每个小组由7~8名护士组成，每组分管10~15位患者。

小组制护理的工作特点是充分积极调动护理人力资源的潜能，发挥团队合作精神，共同分享护理工作成果，维系良好的工作氛围，为患者提供综合性护理服务，护士的工作满意度及地位得到提高。但这种护理方式使护士个人的责任感相对较弱，小组成员之间需要相当长的时间磨合与沟通。

4. 责任制护理 由责任护士和辅助护士按护理程序对患者进行全面、系统的整体护理。方法是以患者为中心，每位患者由一名责任护士负责，对患者实行8小时在岗，24小时负责制的护理。由责任护士全面评估患者的情况，确定护理诊断，制订护理计划，实施护理措施，并追踪评价护理效果。责任护士不在岗时，由辅助护士和其他护士按责任护士制订的计划实施护理。

责任制护理的工作特点是护士责任明确，自主性增强，能全面了解患者的情况，为患者提供连续、整体、个性化的护理。但此种护理方式对责任护士的能力水平要求较高，对护理人力资源的需求量较大，并且要求责任护士24小时对患者全面负责，以保证患者安全，护士工作的心理压力和风险明显增加。

5. 系统化整体护理 是护理工作方式在责任制护理的基础上进一步的丰富和完善。它是一种以患者为中心，视患者为生物、心理、社会多因素构成的开放性有机整体，根据患者的需求和特点为患者提供生理、心理、社会等全面的帮助和照护，以解决患者现存或潜在的健康问题，达到恢复和增进健康的目标的一系列护理实践活动。

系统化整体护理的工作特点是从本质上打破常规的被动局面，护士的主动性、积极性和潜能得到充分的发挥；护士运用评判性思维、创造性思维科学地确认问题和解决问题，护士不再被动地执行医嘱和盲目地完成护理操作，代之以全面评估、科学决策、系统实施、和谐沟通、客观评价的主动调控过程，为患者提供优质的护理服务，充分显示了护理专业的独立性和护士的自身价值。然而此种工作方式需要较多的护士，并且对护士的知识架构有着较高的要求。

第三节 护理学的概念

一、护理学概念的演变过程

护理学已逐渐形成了自己特有的理论实践体系，发展成为医学科学中的一门具有独特功能的学科。护理实践和理论研究表明，护理学的变化和发展经历了三个历史阶段。

（一）以疾病为中心的阶段

20世纪前半叶，随着社会的进步，医学进入到快速发展的科学轨道，各种科学学说纷纷建立，生物医学模式形成，揭示了健康与疾病的关系，认为疾病是由于细菌与外伤引起的机体结构改变和功能异常，形成了"以疾病为中心"的医学指导思想。因此，一切医疗活动都围绕着疾病开展，并局限在医院进行，以消除病灶为基本目标。

此阶段护理的特点是：①护理已成为一门专门的职业，护士从业前需经过专业的特殊培训。②护理从属于医疗，护士被看作是医生的助手。③护理工作的主要内容是执行医嘱和完成各项护理技术操作。④由于护理尚未形成独立的理论体系,因此护理教育类同于医学教育,课程内容涵盖较少的护理内容。

(二) 以患者为中心的阶段

20 世纪中期,社会科学以及系统科学的发展,促使人们重新认识人类健康与生理、心理、环境的关系。1948 年,世界卫生组织(WHO)提出了新的健康定义,进一步扩展了健康研究和实践的领域。1955 年,美国护理学者莉迪亚·海尔首次提出"护理程序",使护理有了科学的工作方法。1977 年,美国医学家恩格尔提出了"生物 - 心理 - 社会医学模式",在这一新观念的指导下,护理发生了根本性的变革,护理由"以疾病为中心"转向了"以患者为中心"的发展阶段。

此阶段护理的特点是:①强调护理是一门专业,逐步建立了护理的专业理论基础。②护士与医生成为合作伙伴关系。③护理的工作内容不再是单纯地、被动地执行医嘱和完成护理技术操作,取而代之的是对患者实施身体、心理、社会等全方位的整体护理,满足患者的健康需要。④护理学逐渐形成了独立的学科理论知识体系,脱离了同类医学教育的课程设置,建立了以患者为中心的教育和临床实践模式。

(三) 以人的健康为中心的阶段

社会经济的快速发展使人民的生活水平不断提高,医学技术的日新月异使过去威胁人类健康的传染性疾病得到有效控制,而与人的行为和生活方式相关的疾病如心脑血管病、恶性肿瘤、糖尿病等逐渐成为当今威胁人类健康的主要问题。疾病谱的改变进一步促使人们的健康观念发生转变,加深了人们对健康与疾病关系的认识,主动寻求健康行为获得人们的积极认同。1998 年在日内瓦召开的第 51 届世界卫生大会上,通过了世界卫生组织提出的"21 世纪人人享有卫生保健"的全球卫生战略,对护理工作的发展产生了巨大的推动作用,护理工作向着"以人的健康为中心"的方向迈进。

此阶段护理的特点是:①护理学成为现代科学体系中一门独立的、综合自然科学与社会科学的、为人类健康服务的应用科学。②护士角色的多元化使护士不仅是医生的合作伙伴,还是护理计划的制订者、照顾者、教育者、管理者、咨询者、患者的代言人等。③护理工作场所从医院扩展到家庭和社区。④护理工作范畴从对患者的护理扩展到对人的生命全过程的护理,护理对象由个体扩展到对群体。⑤护理教育方面有完善的教育体制,有扎实的护理理论基础,有良好的科研体系,并有专业自主性。

二、护理学的基本概念

(一) 关于人的概念

1. 人是一个统一的整体 人是一个身心统一、内外协调、不断发展变化的独特的有机整体。其包括生理、心理、精神、社会、文化等各个方面,任何一个方面的功能失调都会在一定程度上引起其他方面功能的变化,并对整体造成影响,而人体各方面功能的正常运转又能促进人体整体功能的发挥。把人视为整体是现代护理的核心思想。

2. 人具有双重属性 人具有生物和社会双重属性。人首先是一个生物有机体,与其他动物一样,受自然的生物学规律制约;同时,人又不同于其他动物,其本质区别在于人在社会发展中担当一定的角色,有思想、有情感、从事创造性劳动、过着社会生活,是生理、心理、精神、社会、文化等各方面相统一的整体。生理的疾病会影响人的情绪和心理;长期的心理压力和精神抑郁又会造成身体的不适,从而出现各种身心疾患。

3. 人是一个开放系统 人作为一个系统,是由循环系统、神经系统、运动系统、呼吸系统、消化系统等多个子系统组成的,各子系统之间不断地进行能量、物质、信息的交换;在生态系统中人又是一个子系统,生活在复杂的自然和社会环境中,是一个开放的整体,不断地同周围的自然环境和社会环境进行着能量、物质、信息的交换。人的健康有赖于机体内部各子系统间的平衡与协调，以及机体与环境间的和谐与适应。

4. 人是护理的服务对象 随着护理学科的发展，护理的服务范畴、服务内容在不断地扩大和拓展。护士不仅注重患者的康复，更注重维护人的健康。护理的服务对象扩展到全人类，不仅包括患者，还包括健康人；既指个体的人，又指群体的人。护理中的人包括个体、家庭、社区、社会四个层面。

（二）关于健康的概念

1. 健康是个变化的概念 在不同的历史条件、文化背景和个体价值观等影响下，人们对健康有不同的理解和认识。传统的健康观是"无病即健康"，现代人的健康观是整体健康。WHO 对健康（health）的定义强调了生理、心理健康状态和社会适应能力，其中社会适应能力归根结底取决于生理和心理的素质状况。心理健康是身体健康的精神支柱，身体健康又是心理健康的物质基础。良好的情绪状态可以使生理功能处于最佳状态；反之，则会降低或破坏某种功能而引起疾病。

2. 健康与疾病的关系 20 世纪 70 年代，蒋庆琅提出健康 - 疾病连续相模式，认为健康是相对的，是人们在不断地适应环境变化的过程中维持生理、心理和社会适应等方面动态平衡的状态。疾病则被认为是人的某方面功能偏离正常的一种现象。因此，人的一生从生命开始到结束，是由健康与疾病构成的一种线形谱，一端是最佳健康状态，另一端是死亡状态。每个人的健康状况都可能处于这种健康与疾病所构成的线形谱的某一点上，而且处于动态变化中。当个体向最佳健康状态的一端移动时，健康的程度就增加；当个体向死亡状态的一端移动时，疾病的程度就会增加，并且在此期间并没有明显的界限。所以，健康与疾病是相对的，是动态变化的，在一定条件下可以互相转化。

（三）关于环境的概念

人类的一切活动都是在环境（environment）中进行的，环境分为内环境和外环境。

1. 人的内环境 内环境是影响生命和成长的机体内部因素，由生理环境和心理环境组成。

（1）**生理环境**：包括呼吸系统、消化系统、循环系统、泌尿系统、神经系统、内分泌系统等，各系统之间通过神经、体液的调节维持生理稳定状态。

（2）**心理环境**：是人的心理状态，对健康影响很大。人们在生活中时刻接受着来自客观世界的各种刺激，引起人的肯定或者否定的心理反应。尤其是当生活中出现突发事件或意外挫折时，更会引起强烈的心理反应，如果不能经过心理调节产生新的适应，心理长期处于紧张状态，可使机体免疫功能发生改变，导致某些身心疾病的发生。

2. 人的外环境 外环境是可影响机体生命和生长的全部外界因素的总和，由自然环境和社会环境组成。

（1）**自然环境**：即生态环境，是存在于人类周围的各种自然因素的总和，是人类赖以生存和发展的物质基础。它包括空气、阳光、水、土壤等物理环境和动物、植物、微生物等生物环境。

（2）**社会环境**：影响个体和群体的心理行为，与人类的精神需要密切相关，包括经济条件、政治法律、人际关系、文化教育、宗教信仰、风俗习惯等。文化教育落后、人际关系不协调、医疗保健服务体系不完善等都可影响人类的健康。

（四）关于护理的概念

护理的概念是随着护理专业的形成和发展而不断变化和发展的。由于历史背景、社会发展、环境、文化以及教育等因素的不同，人们对护理的概念有着不同的解释和说明。

1. 护理概念的发展 1859 年，南丁格尔提出："护理的独特功能在于协助患者置身于自然而良好的环境下，恢复身心健康。"1885 年，她又指出："护理的主要功能在于维护人们良好的状态，协助他们免于疾病，达到他们最高可能的健康水平。"

1966 年，弗吉尼亚·韩德森（Virginia Henderson）指出："护理是帮助患者或健康人进行保持健康和恢复健康（或在临死前得到安宁）的活动,直到患者或健康人能独立照顾自己。"

1980年,美国护士协会(American Nurses Association,ANA)将护理定义为:"护理是诊断和处理人类对存在的或潜在的健康问题所产生的反应。"这一定义较好地表达了护理学的科学性和独立性,目前被大多数国家护理界认同和采用。

2003年,ANA将护理的定义更新为:"护理是通过诊断和处理人类的反应来保护、促进、优化健康的能力,预防疾病和损伤,减轻痛苦,并为受照护的个体、家庭、社区及特定人群代言。"

2. 护理的内涵

（1）**照顾**:是护理永恒的主题。纵观护理发展史,无论在什么时期,亦无论是以什么方式提供护理,照顾护理对象永远是护理的核心。

（2）**人道**:护理是人道主义忠实的执行者。在护理工作中提倡人道,要求护士视每一位患者为具有个性特征的个体,为具有各种需求的人,从而尊重个体,注重人性;同时要求护士对待患者一视同仁,不分高低贵贱,不分贫富与种族,积极救死扶伤,为人类的健康服务。

（3）**帮助性关系**:是护士用来与患者互动以促进健康的手段,这种帮助性关系是双向的。护士以自己特有的专业知识、技能与技巧提供帮助与服务,满足患者特定的需求,与患者建立起良好的帮助性关系;护士在帮助患者时也从不同的患者那里深化了自身的专业知识、积累了工作经验,自身也获益匪浅。

人、环境、健康和护理四个基本概念之间是相互关联、相互作用的:①四个概念的核心是人,人是护理服务的对象,人的健康是护理实践的核心。②人类的健康与环境息息相关,相互依存、相互影响。③健康是机体处于内外环境平衡、多层次需要得到满足的状态。④护理作用于人和环境,其任务是创造良好的环境并帮助患者适应环境,从而达到最佳健康状态。

（侯玉华　刘晓涵）

思考题

1. 从历史发展的角度,你如何看待南丁格尔对护理专业的贡献?
2. 学习护理学的发展史,对你将从事的护理专业工作有何启示?
3. 在以人的健康为中心的阶段中,护士能发挥什么作用? 有哪些可供选择的岗位?
4. 结合中国护理的发展趋势,谈谈你对中国护理发展的展望。

ER 1-6
练习题

第二章 | 健康与疾病

教学课件

思维导图

学习目标

1. 掌握 WHO 对健康、健康促进的定义；疾病的三级预防及健康促进的策略。
2. 熟悉健康促进的相关护理活动、初级卫生保健及全球卫生保健战略目标。
3. 了解影响健康的因素、疾病的影响及我国卫生保健服务体系。
4. 学会分析健康与疾病的关系，做好疾病的三级预防。
5. 具有尊重患者、爱护患者的人文精神和大健康观念。

情境导入

患者，男，79 岁，体重 75kg，平时性格比较急躁，饮食口味重，有高血压病史十多年，平时吃降压药不规律。患者近日自认为血压比较稳定，也没有不舒服的感觉，遂自行停药，3 天后突然感觉头晕心慌，短暂晕倒后被护送入院。护士小王在接到患者后立即为其测量血压并遵医嘱给予降压处理，第 2 天患者的血压得到控制。护士小王问患者现在的感觉，患者说："其实没事，我高血压十几年了，这个病又不是什么大病，觉得不舒服就吃药，感觉好一点就可以停药"。

请思考：

1. 结合上述情境，如何理解健康和疾病的关系？
2. 分析上述情境中影响患者健康的因素有哪些？
3. 根据患者的情况，如何制订一份健康促进计划？

健康与疾病是医学科学中两个最基本的概念，是人类生命活动的本质、状态及质量的一种反映。健康与疾病不仅是生物学和社会学问题，也是护理理论研究领域的核心问题，护士需要从微观层面和宏观角度深入研究健康和疾病的相关问题。护理的工作任务是促进健康、预防疾病、恢复健康、减轻痛苦。因此，护士只有了解健康和疾病的关系，深入探讨和研究健康与疾病的相关问题，采取有效的护理策略，才能促进服务对象保持最佳的健康状态。

第一节 健 康

健康是人类的基本需要和追求的永恒目标，是护理学的基本概念之一。健康是一个包含生理、心理、社会及精神等不同层面的多维的概念。

一、健康的概述

（一）健康观的演变

健康（health）是一个复杂、多维、综合且不断变化的概念。随着社会的发展、医学模式的转变和科学技术的进步，人们对健康的认识不断深化，健康的概念也随之发生相应的变化。在不同的历史条件和文化背景下，人们对健康有不同的理解和认识。

1.古代健康观 中国古代医学将人分为阴阳两部分，认为阴阳协调平衡就是健康。西方医学则认为生命由土、气、水、火四种元素组成，这些元素平衡即为健康。希波克拉底（Hippocrates）认为健康是自然和谐的状态，如果一个人身体各部分与体液协调就是健康，反之则为疾病。

2.近代健康观 随着医学的发展而不断地完善和进步。

(1)健康就是没有疾病：传统的生物个体健康观将健康与疾病视为"非此即彼"的关系，不能真正说明健康的实质和特征，忽略了健康与疾病之间存在着各种普遍的过渡状态，那就是亚健康状态。

(2)健康是人体正常的功能活动：即健康是机体各部位功能的正常发挥。此定义阐释了健康的重要特征，但各部分功能正常而整体不正常，或整体正常而某一局部功能不正常的情况也是存在的，此观点也忽视了人体精神、心理的作用及影响。

(3)健康是人体正常的生理和心理活动：此定义在躯体健康的基础上，增加了精神、心理层面，对健康的认识虽然前进了一步，但没有把健康置入人类生活的广阔背景中，忽视了人的社会适应性，也存在一定的局限性。

3.现代健康观 是建立在对人的健康与疾病综合认识的医学模式的基础上。1948年，WHO将健康定义为："健康不仅是没有疾病和身体缺陷，而且还要有完整的生理、心理状态和良好的社会适应能力。"1989年，WHO又提出了健康新概念，即"健康不仅是没有疾病，而且包括躯体健康、心理健康、社会适应良好和道德健康。"此概念首次将"道德健康"纳入健康的内容，形成四维健康观。

(1)现代健康观的特点

1）从现代医学模式出发，现代健康观涵盖了微观及宏观两方面，既考虑了人的自然属性，又兼顾了人的社会属性，克服了将身体、心理和社会诸方面机械分割的传统观念的缺点，强调健康是人的基本需要和基本人权，达到尽可能高的健康水平是世界范围内的一项重要的社会性目标。现代健康观体现了将个体视为生理、心理和社会功能完整的人的思想，重视人的精神、心理活动过程对生理功能和社会环境适应状态的影响，是生物 - 心理 - 社会医学模式在健康概念中的体现，拓宽了护理实践的领域。

2）将健康置于人类自然与社会的大环境中，充分认识到个体的健康状态受环境中一切与其相互作用的事物的影响。

3）把健康看成是一个动态的、不断变化的过程。

4）将健康与人类具有生产性和创造性的生活联系起来，揭示健康不仅是医务工作者的目标，而且是国家和社会的责任，是人类共同追求的目标。

(2)现代健康观的内涵：从WHO提出健康的新定义以来，生理、心理、社会的健康内涵得到了进一步的明确和深化。

1）生理健康（physical health）：又称为躯体健康，指机体结构完整和躯体功能良好的状态，没有疾病和残疾，具有良好的健康行为和习惯。生理健康是健康人的基础和最重要特征之一。

2）心理健康（mental health）：可分为情绪、理智和心灵健康。情绪健康（emotional health）表现为情绪、情感稳定和心情愉快；理智健康（intellectual health）表现为沉着、冷静、有效地认识、理解、思考和作出决策；心灵健康又称为精神健康（spiritual health），表现为内心坦荡、自然、有爱心、乐观、积极向上等。

3）社会健康（social health）：指能有效适应不同的环境，愉快、有效地扮演自己承担的各种社会角色。

4）道德健康（moral health）：指能用社会规范的细则和要求支配自己的行为，能为人们的幸福作出贡献，表现为思想高尚、有理想、有道德、守纪律。道德健康强调通过提升社会公共道德来维护人类的健康,要求每个社会成员不仅要为自己的健康承担责任,更要对社会群体的健康承担社会责任。

(二)亚健康状态

亚健康状态(subhealth state)是介于健康与疾病之间的中间状态,又称"次健康"或"第三状态"。处于亚健康状态者,不能达到健康的标准,临床检查无明显疾病,但机体各系统的生理功能和代谢过程活力降低,也不符合现代医学有关疾病的临床或亚临床诊断标准。亚健康的表现错综复杂,比较常见的是活力、反应能力、适应能力和免疫力均降低,表现为躯体疲劳、易感冒、稍动即累、出虚汗、食欲下降、头痛、失眠、焦虑、人际关系不协调、家庭关系不和谐、性功能障碍等。

人体亚健康状态具有动态性和两重性,其结果是通过治疗恢复到健康(即第一状态)或可能发展成为疾病(即第二状态)(图2-1)。护士的责任之一就是研究人体的亚健康问题,积极促进其向健康转化。个体也应通过自我调控加强身体锻炼、做好心理调节等,强化社会、家庭、营养、伦理和心理等因素对人体健康的正面影响,积极促进个体向健康转化。此外,亚健康状态需要与疾病的无症状现象相鉴别,后者虽然没有疾病的症状和体征,但存在病理改变及临床检测的异常,本质上为疾病,如"无症状缺血性心脏病"。从某种意义上说,人体的亚健康状态可能是疾病无症状现象的更早期形式。

图2-1 健康、亚健康与疾病之间的关系

有明显的病变，但已经有某些功能性障碍，出现亚健康症状。

    5.**人体生物周期中的低潮时期**   在这一时期，人体会出现焦虑、情绪低落、注意力不集中、食欲下降等亚健康症状。

二、影响健康的因素

    人们生活在复杂多变的自然环境和社会环境中，其健康状态自然要受到多种因素的影响和制约，其中有些因素是可控制的，有些因素则是难以控制的。从生物 - 心理 - 社会医学模式的角度出发，影响健康的因素主要包括以下五个方面：

（一）生物因素

    人的生物学属性决定了生物因素（biological factor）是影响人类健康的主要因素，主要包括以下几个方面：

    1.**生物学致病因素**   指由病原微生物引起的传染病、寄生虫病和感染性疾病。病原微生物对人类健康的危害已经众所周知，20 世纪中期以前，病原微生物引起的各种传染性疾病是人类疾病和死亡的主要原因之一。随着医学科学技术的发展，人类通过预防接种、合理使用抗生素等措施有效地控制了很多传染病。

    2.**遗传因素**   指由生物遗传因素导致的人体发育畸形、代谢障碍、内分泌失调和免疫功能异常等。遗传结构不仅影响人的生物学特征、活动水平和智力潜能，还是人类健康的重要决定因素。已有证据表明，越来越多的疾病与遗传基因有关。高血压、糖尿病、冠心病、肿瘤等常见疾病均与遗传因素有关。随着基因技术和诊疗水平的提高，人类在遗传疾病的早期筛查和干预方面已经有了一定的进展。

    3.**个体生物学特征**   指年龄、种族和性别等人群特征，是影响健康的因素。

    （1）**年龄**：不同疾病在不同年龄阶段的分布是不同的。例如婴幼儿发生跌倒和受伤的危险性高，高血压、冠心病等疾病则常发生在 40 岁以上的成年人。

    （2）**种族**：不同疾病在不同种族人群中的发病率也不一样。

    （3）**性别**：性别影响疾病的分布。例如骨质疏松症、自身免疫性甲状腺疾病（桥本甲状腺炎和格雷夫斯病）在女性比男性更常见；而胃溃疡、血栓闭塞性脉管炎则多见于男性。

（二）心理因素

    影响人体健康的心理因素（psychological factor）包括人的身心交互作用和自我概念。

    1.**身心交互作用**   人的心理活动是在生理活动的基础上产生的，而情感和情绪的改变反过来又会导致人体器官生理和生化的改变。情绪对健康的影响分为正反两个方面：积极的情绪有助于心态平衡，提高机体的免疫力，增进健康；而消极的情绪会引发机体内分泌失调、免疫系统功能下降，导致疾病或增加患病的概率。大量的临床实践证明，长期或短期的应激反应会引起人的情绪变化，从而影响机体的功能。例如长时间的忧伤可增加疾病的易感性，并可能影响免疫系统的功能，导致疾病的发生。

    2.**自我概念**   指个体对自己的看法或认识，包括个体对自己躯体、需要、角色和能力的感知。自我概念会影响个体认识和处理各种情况的态度和方法。

    人的心理情绪反应可以致病，也可以治病。良好的心理情绪状态不仅有利于疾病的治疗和身体的康复，而且还可能发挥药物难以达到的治疗效果。因此，关注患者的心理健康状况，有针对性地实施心理护理是帮助患者恢复健康、促进健康的重要措施之一。

（三）环境因素

    环境是人类赖以生存和发展的重要条件和基础。环境对人类的健康至关重要，良好的环境有利于患者康复，促进健康；恶劣的环境对人类健康具有威胁性，很多疾病的发生都与环境中的某些因素密切相关。

1. 自然环境　对人体的影响是最具根本性的，包括空气、阳光、水、土壤等，是人类赖以生存和发展的重要物质基础。水污染、空气污染等可扰乱和破坏生态系统，威胁人类的身体健康。存在于空气、水和土壤中的某些致病微生物或某些生物等可直接导致人类患某种疾病或受伤。例如大气中的烟尘、二氧化硫、硫酸雾、氯气、臭氧等会刺激上呼吸道黏膜表层的迷走神经末梢，引起支气管反射性收缩和痉挛、咳嗽、打喷嚏等。

2. 社会环境　与健康有关的社会环境主要包括政治制度、经济状况、文化教育、职业环境和科技发展等。例如文化教育影响人们的健康素养、对健康和疾病的认知、就医行为的即时性和对于健康教育的接受程度等。

（四）行为与生活方式

行为与生活方式（behavior and lifestyle）指的是人们长期受一定文化因素、社会经济、社会规范及家庭的影响，为满足生存和发展的需要而形成的一系列生活习惯和生活意识，这些都会影响个人的健康状态。研究表明，良好的行为与生活方式，如适量运动、科学饮食、控制体重、规律生活等可使人处于良好的健康状态；而不良的行为与生活方式，如不合理的饮食习惯、吸烟、酗酒、体育锻炼和体力活动过少、生活工作紧张等可导致诸如营养不良、肥胖、高血压及消化性溃疡等疾病，已成为危害人们健康的主要因素。WHO指出"影响人类健康的因素中，行为与生活方式占60%，遗传因素占15%，社会因素占10%，医疗因素占8%，气候因素占7%"，这说明行为与生活方式已成为影响健康的重要因素。

（五）社会因素

影响人类健康的社会因素（social factor）较多，涉及社会经济、政治、法律、文化、教育、风俗习惯等。有些社会因素是致病的危险因素，有些则是促进健康的因素。例如稳定的婚姻和亲密的家庭关系有利于家庭成员的健康。

1. 社会政治经济因素　指社会立法、社会支持系统、社会资源分配、就业等因素，其中经济因素对健康起着重要的作用，它通过一些社会因素如工作条件、生活条件、营养条件等直接作用于人们的健康。

2. 职业环境　职业环境中存在相关的有害因素，如劳动环境中的物理、化学或生物有害因素等可导致职业人群长期处于紧张的应激状态或导致机体中某些物质失衡并损害人体健康的物质蓄积，从而使从业人员产生心理健康问题或罹患职业病。这些因素对健康的影响通常不会立即显现出来，具有较长的潜伏期。

3. 医疗卫生服务体系　是指社会医疗卫生机构和专业人员为达到防治疾病、促进健康的目的，运用卫生资源、采用医疗技术手段向个体、群体和社会提供医疗卫生服务的有机整体。医疗卫生服务体系的架构，服务的内容、范围、质量与人们的健康密切相关。医疗卫生服务体系的资源分配不合理、医疗保健制度不完善等将直接危害人们的健康。因此，深化医疗卫生体制改革、合理配置医疗卫生资源、健全医疗卫生服务体系、提升医疗卫生服务能力是保障人们健康的根本性措施。

4. 文化教育背景　包括教育制度，人们的文化素质、受教育程度、风俗习惯、宗教信仰及社会文化和娱乐环境等因素。人们的文化教育背景决定了人们的生活习惯、信念、价值观和习俗、健康意识，也影响人们与卫生保健系统接触的方式、个人的健康实践活动与卫生保健人员的关系。例如不同文化背景的人对疼痛、患病、死亡的处理方式不同，因此，护士应该了解护理对象的文化背景，以便理解护理对象的行为和信念，促进护患之间的互动。

5. 意外伤害　是影响个体和人群健康的重要危险因素。意外伤害多发生于社会治安不良或交通事故等情况。对我国人群危害最大的有车祸、溺水等，可直接导致伤残或增加人们死亡的危险。

同时，意外伤害的突发性和不可预测性会给人们的心理增加紧张因素，造成沉重的心理负担，从而影响人们的健康。

三、健康促进及提高生存质量的护理策略

健康促进作为预防措施不是针对某个疾病，而是要避免产生和形成增加发病的危险因素。这些因素广泛地存在于社会、经济和文化生活的各个方面。

（一）健康促进概述

1986年，第一届全球健康促进大会指出"健康促进是促使人们维护和提高其自身健康的过程，是协调人类与环境之间的战略，规定个人与社会对健康各自所负的责任。"

健康促进的核心是以健康教育为基础，以个人、社区人群参与为动力，以行政、政策、法规等支持为保障，以良好的自然和社会环境为后盾，强调个人和社会对健康各自所负的责任。动员卫生部门和非卫生部门以及全体社会成员的总体力量，干预和改变危害人类健康的环境、生活方式和行为等，促使人们消除危及健康的各种因素，不断提高社会群体健康水平，进而达到提高人类生命质量的目的。

（二）健康促进的策略

根据《渥太华宪章》，实施健康促进应采取五项策略。

1. 制定健康的公共政策　根据健康促进的定义，健康促进已经超越了卫生保健的范畴，由于影响健康的因素较多且涉及面广，因此需要把健康问题提到各级政府和组织、各个部门决策者的议事日程上。健康促进明确要求非卫生部门实行健康促进政策，其目的就是要使人们更容易作出健康的选择。

2. 创造支持性的环境　环境是影响健康的第二大因素，因此健康促进必须创造安全、满意和愉快的生活和工作环境，系统地评估快速变化的环境对健康的影响，采取有效的干预措施以保证社会和自然环境向有利于健康的方向发展。环境管理和有效的干预措施必须得到公共政策的支持。

3. 强化社区行动　社区是卫生服务的基层组织，也是开展卫生服务的基本单位，社区居民又是人群的集合体，因此社区卫生服务是一项关系到人群基本健康状况的重要工作，提供适宜的医疗、预防、保健、康复、健康教育等服务，充分发动社区力量并让其积极、有效地参与卫生保健计划的制订和执行，控制社区资源，帮助社区群众认识自己的健康问题并为其提出解决问题的方法，以达到提高社区民众生活质量的目的。

4. 发展个人技能　个人是群体中的成员，个体的健康状态也标志着群体的健康水平。因此，发展个人技能是个体健康的首要措施。发展个人技能主要通过培训、提供健康信息、健康指导等各种健康教育方式，帮助人们提高作出健康选择的技能来支持个人和社会的发展。这样，人们才能更好地控制自己的健康和环境，不断地从生活中学习健康的行为方式，有准备并恰当地应对人生各个阶段可能出现的健康问题，特别是慢性病和外伤。

5. 调整卫生服务方向　在慢性病成为威胁民众健康和生命的首要因素的情况下，单一的医疗服务对提高民众健康水平的作用是有限的。因此，必须改变卫生保健服务的工作职能，促使其向提供健康促进服务方面发展，满足绝大多数民众的健康需求。调整卫生服务方向需要积极推动和加强不同职能保健队伍的建设。

（三）提高生存质量的护理策略

1. 营造良好的休养环境　医院的物理环境因素直接影响患者的身心舒适和治疗效果，患者患病后渴望得到最佳的医疗服务，希望在整洁、安静、安全、舒适、优雅的环境中接受诊疗和休养。因此，创造与维护一个适宜休养的医院环境是护士的重要职责。例如护士在说话、活动与工作时应做到"四轻"，即说话轻、走路轻、操作轻及关门轻。随着我国进入老龄化社会的速度加快，而疾病谱

的变化又导致慢性病患者的数量增加，如何营造良好的居家养老和医疗休养的环境，对疾病的预防和康复有着极大的影响。

2.促进生理舒适　营造安全的病室环境，促进患者规律生活、均衡饮食、睡眠充足，避免不良因素的刺激，能保证患者良好的生理舒适感。例如可采取适宜措施减轻或消除患者的疼痛与不适；根据患者的具体情况，满足其饮食、清洁、排泄等方面的需要；保证周围环境的安全，使患者能安心休养。

3.保持良好的心理状态　指导人们保持乐观积极的精神状态，正确对待挫折和困难，重视人际关系和人际沟通。例如建立良好的护患关系，针对患者的心理活动采用一系列良好的心理护理措施去影响患者的感受和认识，改变患者的心理状态和行为，帮助患者适应新的人际关系以及医疗环境，尽可能为患者创造有益于治疗和康复的最佳心理环境状态，使其早日恢复健康。

4.拓展丰富多彩的生活空间　根据患者的身体条件和兴趣爱好，指导其采取适合自身的健身方法，培养娱乐身心的业余爱好，如书法、绘画、演奏乐器、听音乐等。这样既可强身健体、舒展心灵，又能学习新知识，使生活更丰富多彩。

5.发挥社会支持系统的作用　指导服务对象通过家庭成员、亲友、同事、团体、组织和社区等获得精神上和物质上的支持与帮助，以减轻心理应激，缓解紧张状态，提高社会适应能力。例如鼓励患者家属及重要的关系人经常探望和陪伴患者，给予患者更多的温暖和支持，对患者进行身心两方面的护理。

第二节　疾　病

在人的生命过程中，疾病是自然的、动态的过程，是不可避免的现象。人们通过提高健康水平和采取特殊措施来预防疾病或延缓疾病的发生。因此，卫生保健服务的目的就是促进人们的健康、预防疾病的发生、恢复人们最佳的健康。为此，除了正确诠释健康外，护士还应从家庭、社区和社会等层面认识疾病对人的生理、心理、社会及精神等的影响，从而帮助人们预防及治疗疾病，恢复健康。

一、疾病的概述

人类对疾病的认识经历了一个漫长的演变过程，可大致分为三个阶段。

（一）古代疾病观

公元前 5 世纪，希波克拉底创立的"体液学说"认为疾病是由于体内血液、黏液、黄胆汁和黑胆汁失衡所致。我国古代医学家提出了"阴阳五行学说"，把人体组织结构划分为阴阳，认为阴阳协调则健康，阴阳失衡则生病，治疗的任务在于恢复阴阳平衡，这是以原始朴素的自然观来认识疾病，对医学的形成和发展产生了一定的影响。古代朴素的疾病观虽然带有相当的主观猜测性，但它把疾病的发生同人体的物质变化联系起来，对医学的形成和发展起到了推动作用，产生了一定的影响。

（二）近代疾病观

18—19 世纪，随着组织学和微生物学的发展，人们对疾病的认识不断深入，指出疾病是机体功能、结构和形态的异常，是致病因素损伤了机体特定细胞的结果。人们对疾病有了比较科学的定位，但人们对疾病的认识仍存在一定的局限性，具有代表性的观点有：

1.疾病是不适、痛苦与疼痛　疼痛与不适只是疾病的一种表现，并非疾病的本质，更不是疾病的全部。将疾病与不适、痛苦与疼痛联系起来，用疼痛和不适来定义疾病是较片面的。从预防医学的观点出发，疾病存在与否不能以是否有疼痛和不适症状为判断依据，否则将不利于疾病的早期诊断和预防。

2. 疾病是社会行为特别是劳动能力丧失或改变的状态　这是疾病的社会学定义，此观点以疾病的社会后果作为判断依据，期望从社会学角度唤醒人们努力消除疾病，战胜疾病的意识。

3. 疾病是机体功能、结构和形态的异常　这是在生物医学模式指导下具有影响力的疾病定义，从本质上揭示了疾病的奥秘，但是这个观点只强调了疾病部位的结构、功能和形态的改变，忽视了人的整体功能状态的变化。

4. 疾病是机体内稳态的紊乱　这是在整体观指导下对疾病所作的解释，认为所有生命都以维持内环境的平衡为目的，体内的生理过程都是在维持内稳态平衡，而疾病过程是机体内环境平衡的紊乱。它用整体观点取代了局部定位观点来认识疾病，这是疾病认识史上的一大进步。

(三) 现代疾病观

现代疾病观综合考虑了人体各组织、器官和系统之间的联系，以及人体生理、心理、社会、精神和环境之间的联系，归纳起来有以下特征：

1. 疾病是发生在人体一定部位、一定层次的整体反应过程，是在生命现象中与健康相对立的一种特殊征象。人体是一个包括组织、器官、细胞、分子在内的多层次的统一体，在各层次之间都存在着局部与整体之间的辩证关系。疾病常常是人体的整体反应过程，局部损伤一定会影响整体，同时也受到整体水平的代谢和反馈调节等影响；而整体水平的损伤又以局部损伤为基础，整体过程的反应常常来源于局部病变的影响。

2. 疾病是机体正常活动的偏离或破坏，是功能、代谢和形态结构的异常以及由此产生的机体内部各系统之间和机体与外界环境之间的协调发生障碍。功能、代谢、形态结构三者偏离正常及平衡关系和内稳态的破坏是疾病过程的本质。

3. 疾病不仅是体内的病理过程，而且是内外环境适应的失调，是内外因作用于人体并引起损伤的客观过程，引起的功能、代谢、形态结构异常不仅表现为内环境稳态的破坏，而且表现为人体与外环境的不协调。

4. 疾病不仅是躯体上的疾病，而且也包括精神和心理方面的疾病。完整的疾病过程常常是身心因素相互作用、相互影响的过程，精神、心理因素是影响健康的重要因素，也是构成健康的重要部分。

综上所述，疾病是机体在一定的内外因素作用下而发生的一定部位的功能、代谢和形态结构的变化，表现为损伤与抗损伤的病理过程，是内稳态调节紊乱而发生的生命活动障碍。在此过程中，机体组织、细胞发生病理变化，出现各种症状、体征和社会行为异常，对环境的适应能力下降，最终导致生命质量下降。从护理的角度讲，疾病是一个人的生理、心理、社会和精神受损的综合表现，是各种生态因素和社会因素作用的复杂结果。

二、疾病的影响

疾病不仅会对患者本人造成影响，而且会使患者家庭乃至社会都面临疾病及其治疗所带来的不同程度的变化和影响。

(一) 疾病对个体的影响

1. 生理改变　患病后身体组织器官发生病理生理改变，患者会出现各种症状和体征，如疼痛、咳嗽、呼吸困难、心慌和肢体活动障碍等，严重者可影响正常工作和生活，甚至危及生命安全。

2. 心理改变　若疾病持续时间短、对生命威胁不大，患者出现的情绪改变就小，持续时间也短，多表现为易怒、乏力或期望像平常一样活动。若为严重（特别是威胁生命）的疾病，可能导致更广泛和/或激烈的情绪和行为改变，如焦虑、恐惧、自尊心增强、依赖性增强、猜疑心加重、主观感觉异常、情绪易激动、心理性休克和反常行为，甚至产生放弃治疗的念头。

3. 体像改变　体像是个体对自己躯体外观的自我感受。有些疾病会引起患者个人形象的改变，特别是在肢体或具有特殊意义的器官缺失时。患者对体像改变的反应程度取决于外观改变的类型和部位、个人的适应能力、改变发生的速度以及支持系统是否健全等。患者的反应过程一般包括震惊、否认、逐步承认、接受和配合康复五个阶段。

4. 自我概念改变 即一个人对自己的看法或认识，包括个体对自己整体需要、角色和能力的感知。个体的自我概念不仅取决于其体像、角色、心理和精神状况，更受到身体某功能的缺失、疼痛、依赖他人、经济困难、参与社会活动的能力缺乏等状况的影响。由于疾病，患者可能无法实现家庭的期望，更不能完成社会角色功能，其经济状况和自我价值观也受到影响。

5. 自治能力的丧失 自治能力是指不受外界控制，个体独立和自我指导的状态。由于自我概念、自尊、行为和情绪的改变，使家庭互动发生改变，患者的自治能力容易受损或丧失。例如，患者可能不再参与家庭决策，即使是关于自己生活方面的决定。护士应该通过提供健康信息、健康指导等，尽可能维护患者自我决定的权利和自治能力。

6. 生活方式的改变 患病后，特别是患慢性病后，患者常需改变原有的不良生活方式，如改变饮食、活动和休息模式，尽量避免或减少致病因素，并积极参加一些促进健康的活动，如戒烟限酒、定期锻炼等。护士应向患者解释改变或调整生活方式的必要性和注意事项，促使他们适应新的生活方式。

（二）疾病对家庭的影响

疾病对家庭的影响程度取决于患者的家庭角色、疾病的严重性、患病时间的长短、家庭的经济状况和社会习俗等。

1. 家庭角色改变 个体患病后，由于生产劳动力下降或丧失，其原先的家庭角色功能需要其他家庭成员来承担，家庭成员需适应疾病带来的家庭角色改变，常见的改变是角色互换。如果家庭角色的改变对家庭的影响是短暂的，则容易适应；如果是明显且长期的，家庭及个体成员则均需要专业性的咨询和指导才能适应改变。

2. 家庭经济负担加重 患病的经济负担包括直接经济负担和间接经济负担，前者是指患者看病时的医药费、患者及陪伴者的差旅费和伙食费等，后者主要是指患者由于生病或死亡不能为家庭和社会创造财富所引起的损失。如果患者本人是家庭生计的主要承担者，那么患病会使家庭的经济来源出现问题，更加重了家庭的经济负担。

3. 家庭成员的精神、心理压力增加 家庭中一人患病后，其他成员需要投入很大的精力给予照顾并承担患者原先的家庭角色，增加了家庭成员的精神和心理负担，并产生相应的心理压力。患者的心理反应和行为变化，也会使家庭成员产生心理压力。另外，如果患者所患的是传染病或不治之症，这对家庭所造成的精神、心理压力就更大，家庭成员需要专业性的咨询和指导才能适应改变。

4. 家庭运作过程改变 家庭运作过程包括家庭日常活动的运行，事务的决策和分配，家庭成员相互支持、应对变化和挑战的过程。如果父亲或母亲患病时，其他家庭成员无力或拒绝承担其角色责任，就可能导致家庭的某些活动或决策停止或推迟，此时家庭运作过程就会发生紊乱。因此，护士应将整个家庭视为一组服务对象，制订计划帮助家庭重新获得最大水平的功能状态和健康。

（三）疾病对社会的影响

1. 对社会生产力的影响 每个人在社会中都承担一定的角色，当个人患病并转变为患者角色后，其社会责任被暂时或长期免除了，不能继续承担原有的社会角色，这就必定会降低社会生产力。

2. 对社会经济的影响 诊断和治疗疾病都要消耗一定的社会医疗资源。

3. 对社会健康状况的影响 对于某些传染性疾病如不及时采取适当的隔离措施，可能会造成更大范围的传播，对整个社会的健康状况造成危害。

三、疾病的预防

疾病预防又称为健康保护，是指采取特定行为避免健康受到现存或潜在威胁的过程。疾病预防针对人们的健康水平采取相应的预防保健措施，最大限度地减少疾病的危害。疾病预防包括减少或阻止特定或可预料的健康问题的行为，如戒烟、免疫接种等，以及保护现有健康状态的行为，如定期健康检查、室内空气有害物质监测等。疾病预防是以健康问题为导向，强调发现健康问题、改善环境和行为及提高身体抵抗力的方法，从而避免健康和功能水平的降低。

从健康促进和疾病预防的定义可知两者存在差异并相互补充。在健康 - 疾病全过程中，健康保健服务通常将二者整合，针对人们不同的健康水平采取相应的预防保健措施，以避免或延迟疾病的发生，阻止疾病恶化，减少残疾和促进康复。这就涵盖了促进与预防、治疗、康复三个健康保健层面，可概括为疾病预防的三级水平。

（一）一级预防

一级预防又称为病因预防，主要是在疾病尚未发生时针对致病因素（或危险因素）采取措施，是从病因上防止健康问题的发生，采用各种措施消除或控制影响健康的因素，从而预防疾病的发生，是最积极有效的预防措施。可通过合理营养与体力活动、健康行为和生活方式来提高机体的身心健康水平以抵抗各种致病因子的侵入，预防接种、婚前检查、遗传病普查、适宜锻炼等均可促进保持或提高个体、家庭和社区的总体健康水平，从而避免疾病或推迟疾病的发生。

（二）二级预防

二级预防又称为临床前期预防或发病学预防，关键是早期发现、早期诊断和早期处理健康问题，即"三早"预防。二级预防关注已有健康问题人群的健康，控制或延缓疾病发展，促使病变逆转，缩短病程或预防并发症和残疾发生，因此，又称为发病学预防。具体措施包括病例筛查、疾病普查、健康检查、治愈性和预防性检查、传染病传播的预防、并发症和后遗症的预防，以及缩短功能紊乱的时间等。许多疾病尤其是慢性病大多病因不完全清楚，因此要完全做到一级预防是不可能的，应以二级预防为重点。例如，通过乳房自检早期发现乳腺癌即属于二级预防措施。二级预防需要公共卫生机构、医院、基层卫生保健机构和家庭共同完成。

（三）三级预防

三级预防又称为临床期预防或病残预防，主要是对症治疗、防止伤残和积极康复，是在疾病的发病后期积极治疗、预防并发症，并采取各种促进身心健康的措施促进功能恢复，把健康问题的严重程度降到最低限度，以最大可能地恢复健康，提高生存质量，延长寿命，降低病死率。采取的措施包括推迟残障和促进康复两个层面。常用的措施包括采取适宜的药物或手术治疗、进行的适宜活动和保持的适宜体位以预防活动障碍，进行被动和主动锻炼以预防残疾，在康复过程中进行持续的督导以恢复最佳功能水平，指导患者在功能受限的情况下有成效地生活，为已康复的患者提供参与社会活动的机会等，如脑卒中后的早期康复指导、乳腺手术后的肢体锻炼等。

疾病三级预防

四、健康与疾病的关系

健康与疾病是对立与统一的关系。20 世纪 70 年代，有人提出"健康与疾病是连续的统一体"的观点，认为健康是相对的，是人们在不断适应环境变化过程中的一种生理、心理和社会等方面相对平衡的状态，而疾病则是人的某些方面功能偏离正常的一种状态。健康不是绝对存在的，疾病也并非完全失去健康。

（一）健康 - 疾病连续相模式

健康 - 疾病连续相模式认为健康与疾病在人的生命活动中构成一条连续性的线，以最佳健康状态为一端，以死亡状态为另一端，每个人任何时候的健康状况都处于这条线上的某一点上，并处在动态变化之中，每个时期的状态都包含了健康与疾病的成分，哪一方面占主导，就表现出哪一方面的特征（图 2-2）。

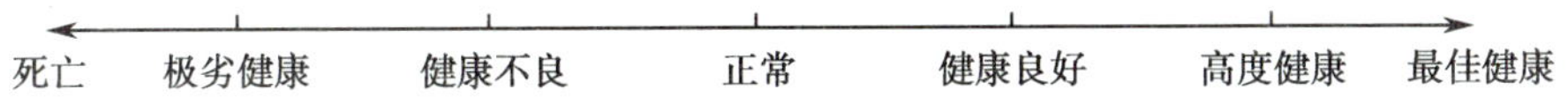

| 死亡 | 极劣健康 | 健康不良 | 正常 | 健康良好 | 高度健康 | 最佳健康 |

图 2-2 健康 - 疾病连续相模式

从健康 - 疾病连续相可以看出，连续相上的任何一点都是个体身体、心理、社会诸方面功能的综合表现，而非单纯的生理上有无疾病。任何人任何时候的健康状况都会在此连续相两端之间的某一点上占据一个位置且时刻都在动态变化之中。护士有效地认识并应用此模式，可以帮助服务对象明确其健康状况在健康 - 疾病连续相上所占的位置，并协助其充分发挥各方面功能，从而尽可能达到良好的健康状态。

（二）健康与疾病在一定条件下可以相互转化

人的一生总是在健康和疾病的相互转换过程中度过的。护士的任务是帮助服务对象明确其健康状况在健康 - 疾病连续相上所占的位置，并协助其采取措施，从而达到健康的良好状态。

（三）健康与疾病之间没有明确的分界线

在任何时候，一个人的健康总是相对的，没有完全的健康，即使是在极佳的健康状态下仍然存在不健康的因素。健康与疾病在个体身上可以同时存在。例如截肢的患者在经过治疗和康复护理后，充分发挥自己在其他方面的潜能，为社会作出一定的贡献，达到自己的最佳健康状态。每个人最终呈现出来的健康状态是其生理、心理、社会和道德等方面健康水平的综合体现。

正确认识健康与疾病的关系才能指导人们更好地预防疾病和促进健康。随着社会的发展、人们生活水平的提高、医学模式的转变及疾病谱的变化，人类对健康与疾病内涵的认识不断深化。

第三节　医疗卫生政策与保健体系

1993 年，世界银行在世界发展状况报告中曾明确指出"大部分初级卫生保健工作应该由护士及助产士承担，在未来的一段时间内，这种趋势将逐渐扩大"。因此在医疗卫生服务体系中，护士承担着重要的预防保健及防病治病的责任，护士需了解有关的医疗卫生方针政策，明确护理专业在整个医疗卫生保健体系中的作用。

一、全球卫生保健的战略目标

WHO 是联合国下属的一个专门机构，其主要职责是指导和协调全世界的卫生工作。WHO 的宗旨是使全世界人民获得尽可能高水平的健康，战略目标是"人人享有卫生保健"。

（一）人人享有卫生保健提出的背景

20 世纪 70 年代，WHO 明确了各国政府的主要卫生目标包括：卫生工作的重点应从大城市、大医院转移到农村基层；应当从治疗疾病为主转移到预防疾病为主；应当从为少数人服务转移到为大多数人服务。1977 年，WHO 在第 30 届世界卫生大会提出了"2000 年人人享有卫生保健"的全球战略目标。1978 年 9 月，WHO 与联合国儿童基金会召开的国际初级卫生保健会议上发表了《阿拉木图宣言》，将发展初级卫生保健（primary healthcare）作为实现 WHO"2000 年人人享有卫生保健"这一战略目标的关键措施。

（二）人人享有卫生保健的深化和发展

2018 年，WHO 在全球初级卫生保健会议上通过了《阿斯塔纳宣言》，强调加强各国的初级卫生保健系统，为实现全民健康覆盖作出更大努力，这也是对《阿拉木图宣言》的又一次重申。

各国政府针对初级卫生保健作出了新的全球承诺，包括：①重申各级政府在促进和保护人人享有可达到的最高健康标准的权利方面的主要作用和责任。②建立可持续的初级卫生保健服务。③赋予个人和社区权利，支持个人、家庭、社区和民间力量参与制订和实施对健康有利的政策。

④使利益相关者（包括卫生专业人员、患者、民间社会组织等）的支持与国家政策、战略和计划保持一致，并采取联合行动，建立更强大的、可持续的初级卫生保健服务，以实现全民健康覆盖。

2015年，联合国《2030年可持续发展议程》提出了今后15年要实现的17项可持续发展目标和169项具体目标。几乎所有的可持续发展目标都与卫生直接相关或间接地促进卫生工作，涉及传染病、非传染性疾病、全民健康覆盖以及生殖、孕产妇等领域。卫生工作被置于可持续发展目标的重要地位。其中与卫生直接相关的第3项可持续发展目标明确了今后15年全球卫生发展的健康目标并提出了以下13项具体目标：

1. 到2030年时，全球孕产妇每10万例活产的死亡率降至70人以下。

2. 到2030年时，消除新生儿和5岁以下儿童可预防的死亡。

3. 到2030年时，阻止艾滋病、结核病、疟疾和被忽视的热带疾病等流行病，抗击肝炎、水传播疾病和其他传染病。

4. 到2030年时，通过预防、治疗及促进心理健康，将非传染性疾病导致的过早死亡减少1/3。

5. 加强对滥用药物包括滥用麻醉药品和有害使用酒精的预防和治疗。

6. 到2030年，全球公路交通事故造成的死伤人数减半。

7. 到2030年时，确保普及性健康和生殖健康保健服务。

8. 实现全民健康保障。

9. 到2030年时，大幅减少危险化学品以及空气、水和土壤污染导致的死亡和患病人数。

10. 酌情在所有国家加强执行《世界卫生组织烟草控制框架公约》。

11. 支持研发主要影响发展中国家的传染和非传染性疾病的疫苗和药品。

12. 大幅加强发展中国家，尤其是最不发达国家和小岛屿发展中国家的卫生筹资。

13. 加强各国，特别是发展中国家早期预警、减少风险，以及管理国家和全球健康风险的能力。

《2030年可持续发展议程》

二、初级卫生保健

（一）初级卫生保健的概念

1. **狭义概念** 初级卫生保健指主要由基层卫生人员提供给居民必需的保健服务。

2. **广义概念**

（1）**从居民的需要和利用来看**：初级卫生保健是居民最基本的、必不可少的卫生保健，是居民团体、家庭、个人均能获得的卫生保健，是费用低廉、群众乐于接受的卫生保健。

（2）**从卫生工作中的地位和作用来看**：初级卫生保健应用了切实可行、学术上可靠的方法和技术，是基层的第一线卫生保健工作；是国家卫生体制的重要组成部分和基础；与通常所说的卫生服务有所不同，在工作内容上更加广泛且涉及多个政府部门。

（3）**从政府职责任务来看**：初级卫生保健是各级政府及有关部门的共同职责；是各级人民政府全心全意为人民服务、关心民众疾苦的重要体现，是各级政府组织有关部门和社会各界参与卫生保健活动的有效形式。

（4）**从社会经济发展来看**：初级卫生保健是社会经济总体布局的重要组成部分，必须与社会经济同步发展；是社会精神文明建设的重要标志和具体体现，是一项社会福利的系统工程。

（二）初级卫生保健的任务

初级卫生保健的任务可分为四个方面、九项要素。

1. **四个方面**

（1）**健康促进**：包括健康教育、保护环境、合理营养、饮用安全卫生水、改善卫生设施、开展体育锻炼、促进心理卫生、养成良好生活方式等。

（2）**预防保健**：在研究社会人群健康和疾病的客观规律及它们和人群所处的内外环境、人类社会活动的相互关系的基础上，采取积极有效的措施，预防各种疾病的发生、发展和流行。

（3）**基本医疗**：及早发现疾病，及时提供医疗服务和有效药品，以避免疾病的发展与恶化，促使患者早日好转、痊愈。

（4）**社区康复**：对丧失了正常功能或功能上有缺陷的残疾者，通过医学、教育、职业及社会的措施，尽量恢复其功能，使他们重新获得生活、学习和参加社会活动的能力。

2. 九项要素

（1）对当前流行的卫生问题及其预防和控制方法的健康教育。

（2）改善食品供应及适当的营养。

（3）供应足够的安全饮用水和基本环境卫生设施。

（4）妇幼卫生保健，包括家庭计划。

（5）主要传染病的免疫接种。

（6）当地地方病的预防及控制。

（7）常见病伤的妥善处理。

（8）提供基本药物。

（9）使用一切可能的方法，通过影响生活方式和控制自然、社会心理环境来预防和控制慢性非传染性疾病和促进精神卫生。

（三）21世纪的初级卫生保健

2003年第56届世界卫生大会通过有关初级卫生保健的决议，要求各会员国采取一系列行动以加强初级卫生保健。2008年世界卫生报告的主题为"初级卫生保健——过去重要，现在更重要"，提出要重振初级卫生保健。报告总结了初级卫生保健实施30年来的成效及不足，并提出了四套改革措施：①普遍覆盖的改革；②服务提供的改革；③领导力的改革；④公共政策的改革。该报告体现了初级卫生保健价值观、国民的期望和不同国情下卫生工作所共同面临挑战之间的融合。

三、我国医疗卫生方针及发展规划

医疗卫生方针是政府领导卫生工作的基本指导思想，对卫生事业的管理、改革与发展起主导作用。2016年，国务院发布了《"健康中国2030"规划纲要》，确定了我国新时期卫生工作方针，即"以基层为重点，以改革创新为动力，预防为主，中西医并重，将健康融入所有政策，人民共建共享"。

（一）《"健康中国2030"规划纲要》的意义

《"健康中国2030"规划纲要》是今后15年推进健康中国建设的行动纲领，是中华人民共和国成立以来首次在国家层面提出的健康领域中长期建设规划。同时，这也是我国积极参与全球健康治理、履行我国对联合国《2030年可持续发展议程》承诺的重要举措。

（二）《"健康中国2030"规划纲要》的特点

《"健康中国2030"规划纲要》坚持目标导向和问题导向，具有以下鲜明特点：

1. 突出大健康的发展理念　我国居民主要健康指标总体上优于中高收入国家的平均水平。随着工业化、城镇化、人口老龄化发展以及生态环境、生活方式变化，维护人民健康面临一系列新的挑战。根据WHO的研究，人的行为方式和环境因素对健康的影响越来越突出，"以疾病治疗为中心"难以解决人的健康问题，也不可持续。《"健康中国2030"规划纲要》确立了"以促进健康为中心"的"大健康观"和"大卫生观"，提出将这一理念融入公共政策制定实施的全过程，统筹应对广泛的健康影响因素，全方位、全生命周期维护人民健康。

2. 着眼长远与立足当前相结合　《"健康中国2030"规划纲要》充分考虑与经济社会发展各阶段目标相衔接，与联合国《2030年可持续发展议程》要求相衔接，同时针对当前突出问题创新体制机制，从全局高度统筹卫生计生、体育健身、环境保护、食品药品、公共安全、健康教育等领域政策措施，形成促进健康的合力，走具有中国特色的健康发展道路。

3. 目标明确可操作 《"健康中国2030"规划纲要》围绕总体健康水平、健康影响因素、健康服务与健康保障、健康产业、促进健康的制度体系等方面设置了若干主要量化指标，使目标任务具体化，工作过程可操作、可衡量、可考核。据此，《"健康中国2030"规划纲要》提出健康中国"三步走"的目标，即"2020年，主要健康指标居于中高收入国家前列"，"2030年，主要健康指标进入高收入国家行列"的目标，并展望2050年，提出"建成与社会主义现代化国家相适应的健康国家"的长远目标。

ER 2-6

《"健康中国
2030"规划
纲要》

知识拓展

《"健康中国2030"规划纲要》的核心内容

《"健康中国2030"规划纲要》（以下简称《纲要》）首先阐述维护人民健康和推进健康中国建设的重大意义，总结我国健康领域改革发展的成就，分析未来15年面临的机遇与挑战，明确《纲要》基本定位。《纲要》明确了今后15年健康中国建设的总体规划，要坚持以人民为中心的发展思想，牢固树立和贯彻落实创新、协调、绿色、开放、共享的新发展理念，坚持以基层为重点，以改革创新为动力，预防为主，中西医并重，将健康融入所有政策，人民共建共享的卫生与健康工作方针，以提高人民健康水平为核心，突出强调了三项重点内容：一是预防为主、关口前移，推行健康生活方式，减少疾病发生，促进资源下沉，实现可负担、可持续的发展；二是调整优化健康服务体系，强化早诊断、早治疗、早康复，在强基层基础上，促进健康产业发展，更好地满足群众健康需求；三是将"共建共享 全民健康"作为主题，坚持政府主导，动员全社会参与、推动社会共建共享，人人自主自律，实现全民健康。

四、我国卫生保健服务体系

卫生保健服务体系是为我国民众提供卫生保健服务的各种卫生组织机构的总称，承担着保障国民获得适宜健康保健和疾病防治服务的重任，是保障人民群众健康的社会基础设施和支撑体系。我国的卫生保健服务体系包括卫生服务、卫生保障、卫生监督与执法三大系统。

（一）卫生服务体系

卫生服务体系是指提供医疗、预防、保健、康复、计划生育指导和健康教育等服务的各级各类医疗卫生机构所组成的整体，是提供各种卫生服务的载体。《全国医疗卫生服务体系规划纲要（2015—2020年）》指出，我国的医疗卫生服务体系主要包括医院、基层医疗卫生机构和专业公共卫生机构等。

1. 医院 分为公立医院和社会办医院。其中，公立医院分为政府办医院（根据功能定位主要划分为县办医院、市办医院、省办医院、部门办医院）和其他公立医院（主要包括军队医院、国有和集体企事业单位等举办的医院）。

（1）公立医院：是我国医疗服务体系的主体，充分发挥其在基本医疗服务提供、急危重症和疑难病症诊疗等方面的骨干作用，各级医院分别承担医疗卫生机构人才培养、医学科研、医疗教学等任务，承担法定和政府指定的公共卫生服务、突发事件紧急医疗救援、援外、国防卫生动员、支农、支边和支援社区等任务。

（2）社会办医院：是医疗卫生服务体系不可或缺的重要组成部分，与公立医院形成补充，可以提供基本医疗服务；可以提供高端服务，满足非基本需求；可以提供康复、老年护理等紧缺服务。

2. 基层医疗卫生机构 县级以下为基层医疗卫生机构。

(1) **基层医疗卫生机构的分类**：主要包括乡镇卫生院、社区卫生服务中心（站）、村卫生室、医务室、门诊部（所）和军队基层卫生机构等。

(2) **基层医疗卫生机构的职责**：提供预防、保健、健康教育、计划生育等基本公共卫生服务和常见病、多发病的诊疗服务以及部分疾病的康复、护理服务，向医院转诊超出自身服务能力的常见病、多发病及危急和疑难重症患者。

3. 专业公共卫生机构

(1) **专业公共卫生机构的分类**：主要包括疾病预防控制机构、综合监督执法机构、妇幼保健计划生育服务机构、急救中心（站）、血站等，原则上由政府举办。

走进我国卫生保健服务体系

(2) **专业公共卫生机构的职责**：向辖区内提供专业公共卫生服务（主要包括疾病预防控制、健康教育、妇幼保健、精神卫生、急救、采供血、综合监督执法、食品安全风险监测评估与标准管理、计划生育、出生缺陷防治等），并承担相应管理工作。

（二）卫生保障体系

卫生保障体系是社会保障体系的重要组成部分，主要通过资金的筹集为卫生服务提供合理的物质资源的支持。卫生保障体系与卫生服务体系相互作用，共同承担保护人类健康的职能，其中最有代表性的就是医疗保险。我国现行的医疗保险包括社会医疗保险和商业医疗保险。

1. 社会医疗保险　指国家和社会根据一定的法律法规，向保障范围内的民众提供患病时的基本医疗保障，包括城镇职工基本医疗保险、城乡居民基本医疗保险（由原来的城镇居民基本医疗保险和新型农村合作医疗整合而成）组成的基本医疗保险和城乡医疗救助，分别覆盖城镇就业人口、职工基本医疗保险参保人员以外的其他所有城乡居民和城乡困难人群。

2. 商业医疗保险　指由保险公司经营的、营利性的医疗保障，如意外伤害医疗保险和特种疾病保险等。

（三）卫生监督与执法体系

卫生监督与执法体系是政府管理社会卫生工作的重要保障，其主要职能是依法对影响人民健康的物品、场所、环境等进行监督和管理，保护人民健康权益，如国家、省、市和县级的卫生监督所（或局）。

预防疾病、促进健康是护士重要的职责。预防保健的内涵已延伸到重视生理、社会、心理及精神，并需要全社会的共同参与。护士只有在充分了解有关健康、疾病及医疗卫生保健体系的相关内容后，才能提供整体的预防保健护理，促进全人类的健康。

（王艾青　姜　颖）

思考题

1. 如何正确理解健康与疾病？健康与疾病受哪些因素的影响？
2. 应如何做好疾病的三级预防？
3. 谈谈你对《"健康中国2030"规划纲要》深远意义的认识。

练习题

第三章 │ 护士与患者

ER 3-1
教学课件

ER 3-2
思维导图

学习目标

1. 掌握患者角色的特征,常见的角色适应不良和心理反应,促进患者角色适应的措施;护士的基本素质,护士角色的特征;护患关系的性质、基本模式、基本过程。
2. 熟悉影响患者角色适应的因素;护患关系的影响因素。
3. 了解角色的概念及特征。
4. 学会评估患者角色适应不良并给予有效指导,促进患者适应角色转变。
5. 具有较强的人文关怀意识和服务意识。

情境导入

患者,男,65 岁,因 "糖尿病" 入院治疗。护士小黄面带微笑、轻步上前说:"您好!请问您叫什么名字?" 在得到患者的确认后,护士小黄说:"我是您的责任护士小黄,现在我带您到病房。" 来到病房后,小黄说:"请您先休息一会儿,我已经通知了主管医生,他很快就会过来接诊。" 小黄热情的态度、亲切的语言给患者留下了良好的印象。通过交流小黄了解到患者起初认为自己能吃能喝、病情轻、无须住院,患者缺乏糖尿病的治疗知识。小黄与患者及家属商讨病情并制订了切实可行的护理方案,患者及家属对小黄的服务非常满意,并积极配合后续治疗和护理。

请思考:
1. 小黄在工作中体现了护士的哪些素质?
2. 哪些因素导致该患者不能适应患者角色?
3. 护士小黄和患者之间属于什么关系? 应如何建立和谐的关系并得以良性发展?

护理工作是护士与患者为了达到医疗、护理的共同目标而发生的互动过程。在这个互动过程中,患者需要护士给予帮助,护士需要患者协作配合工作,患者与护士之间需要建立良好的护患关系。在这个特定的工作过程中,护士与患者是两个重要的角色。护患双方不同的文化背景、人格特征和社会地位等因素,会影响护士与患者之间的关系和护理工作的顺利开展,进而影响患者疾病的康复。因此,作为护士必须认识和了解护士与患者的角色及其功能,建立和发展良好、和谐的护患关系,以帮助患者促进、恢复和维持健康。

第一节　角色理论

社会的发展必定促进某一角色的要求不断改变,以适应社会的持续进步。每个人在成长与发展的过程中扮演着多种角色,为了更好地承担和发展新角色,护士必须了解角色理论的有关内容,并能运用角色理论指导护理工作的全过程。

一、角色的概念

角色（role）一词的含义为处于一定社会地位的个体或群体，在实现与这种地位相联系的权利与义务中，所表现出来的符合社会期望的模式化行为。换言之，角色是一个人在某种特定的场合下的义务、权利和行为准则。

二、角色的特征

（一）角色具有多重性

任何一个社会成员在社会中总是承担多种社会角色。当多种角色集于某一个体时，该个体所处的位置又称为角色集或复式角色。例如，一位女性在家庭中可以同时是女儿、妻子、母亲；在工作岗位上可以是护士、教师等；在社会上可以是顾客、游客、乘客等。但每个社会成员在其角色集中，最主要承担的角色是与家庭和职业相关的角色。

小故事：角色身份不同，但使命相同

（二）角色具有互补性

不同角色在其特定的社会环境中总是与其他角色相互依存，在完成某一角色时，必须要有一个互补的角色存在。例如，要完成教师角色，必须要有学生角色的存在；要完成护士角色，必须要有患者、医师等角色的存在。而这些互补的角色，统称为角色丛。

（三）角色行为应与角色期待相符合

社会对每一角色均有"角色期待"。角色期待是社会对个体所处的角色地位应具有的态度、行为方式等寄予的要求和期望。每一社会角色都应认知其自身的角色行为规范准则，并自觉地使自身角色行为与社会角色期待相符合。

三、角色转换

角色转换（role transition）指个体承担并发展一种新角色的过程。每个人在成长与发展过程中的不同时期、不同空间里可同时担任多种角色。不同的角色担负不同的责任，表现不同的功能。在这个发展过程中，个体必须了解社会对角色的期望，并通过不断的学习、实践和改变自身的情感行为，使自己的行为逐步符合社会对个体新的角色期望，最终有效完成角色的转换。

第二节　患者角色

患者角色（patient role）是指社会对一个人患病时的权利、义务和行为所期望的行为模式。一般被认为是"某些原因引起生理、心理的变化或阳性体征出现而导致个体行为变化且得到社会承认的人"。每个人患病后都会从不同的社会角色进入患者角色。

患者是各式各样社会角色中的一种，有其特定的社会行为模式、特定的权利和义务。在护理职业岗位中，护士应善于分析和判断患者角色，并针对患者角色的特征和角色适应情况提供帮助和满足患者角色适应的各种需求，以促进患者尽快完成角色转变。

一、患者角色的特征

（一）社会角色职责的免除或部分免除

患病的人可以免除或部分免除其正常生活中的社会角色所应承担的义务和责任，即可从正常的社会角色中解脱出来。免除的程度取决于疾病的性质、严重程度、患者的责任心，以及患者所得到的支持系统的帮助。

（二）对其陷入疾病状态没有责任

患病是个体无法控制且不以人的意志为转移的，人对其自身生病的状态是无能为力的。因此，患者对其陷入疾病状态是没有责任的，他们需要受到照顾，也有权利获得帮助。

（三）具有恢复健康的义务性和主动性

疾病常使患者处于不适、痛苦、伤残，甚至死亡等极度紧张、恐惧的状态中。社会期望每一个成员都健康，并承担应尽的责任，大多数患者都期望早日恢复健康。患者有恢复健康的义务和责任，并为之主动作出各种努力。

（四）配合医护治疗疾病的协作性

患病后个体会主动寻求医护人员的专业知识、技术帮助和从亲属、朋友处获得情感上的支持，以促使健康恢复。在疾病治疗和护理的过程中，患者必须与医务人员合作，严格遵守治疗和护理原则，积极协助治疗，如遵医嘱按时服药、休息等。

二、患者角色适应

（一）角色适应的概念

一个人患病后，由社会角色过渡转变成社会对其所期望的患者行为模式，或随着疾病恢复使其从患者角色又过渡转回原有社会角色。在角色过渡转变的过程中，患者必将发生心理和行为上的变化以适应其角色转变，即为角色适应。

（二）角色适应不良

任何个体在患病前都是一个健康的人，在社会中承担着多重角色，从生病前的常态向患者角色转化或从患者角色又转变回社会角色时，都有一个角色适应过程。在这个适应转变过程中，如果适应不良，往往导致患者心理和行为的改变，并进一步影响其健康和生活，具体表现如下：

1. **角色行为缺如** 指患病的人没有进入患者角色，否认自己是患者。患者往往自我感觉良好或认为医生诊断有误，不能很好地配合治疗和休息；有的患者采取等待观望的态度，认为症状还没严重到需要治疗的程度，这些情况均易导致延误疾病的诊治。例如一患者有多饮、多食、多尿伴体重减轻等症状，但他个人认为自己能吃、能喝又能睡，没什么大碍，拒绝求医。

2. **角色行为冲突** 指患者在适应患者角色过程中，与患病前原有的各种角色发生心理冲突所引起的行为矛盾，是一种视疾病为转折的心理表现，常表现为患者不能接受患者角色、烦躁不安、焦虑、茫然或悲伤等。例如一位母亲因生病无法照顾孩子的生活、学习，从而造成了母亲角色和患者角色冲突。

3. **角色行为强化** 指患者安于患者角色现状，对自我能力表示怀疑，自信心减弱，对疾病将要恢复后所承担的社会角色责任感到恐惧不安，产生依赖心理。另外，生病使患者具有患者的权利，所以患者往往希望继续保留患者角色，以能享受这种"特权"。老年人或慢性病患者易出现这种行为改变。

4. **角色行为消退** 指患者已适应患者角色，但由于某种原因，使其又重新承担起原有的社会角色，而放弃了患者角色。例如患病后正在接受治疗的母亲因孩子生病需要照顾而放弃患者角色，承担起原有的母亲角色。

患者角色
适应不良

5. **角色行为异常** 指久病、危重患者或患难治之症等患者，因受疾病折磨常有攻击性言行、悲观、厌世甚至自杀等异常行为表现。例如一位癌症患者因健康恶化和经济负担的双重压力，表现出自卑、绝望、封闭、拒绝治疗、哭闹、毁物等行为。

（三）角色适应过程中常见的心理问题

个体生病后，其正常的生活、工作规律和程序遭受破坏及其对病痛的体验等冲击着个体的内心世界，影响其心理状态，改变其对周围事物的感受和态度，个体从而出现各种心理反应，常见的有以下几种：

1. **焦虑、恐惧** 表现为情绪紧张、易激怒,按程度分为轻度、中度、重度和极重度。轻度焦虑一般对患者的影响不大;中、重度焦虑会产生很大的精神、心理压力,并伴有相应的行为表现。人患病后往往会产生恐惧心理,如害怕疼痛、残疾、被遗弃、死亡等。大手术患者、大出血患者、临产初产妇、病情危重患者、儿童等更易产生恐惧心理。

2. **主观感觉异常** 患者对周围的声、光、温度、湿度及自身症状都很敏感。

3. **情绪不稳定** 患者情绪不稳定,遇事易激动,对轻微刺激异常敏感,与家人、室友,甚至医护人员发生冲突。患者可表现为易冲动、发怒、悲伤和落泪。例如慢性病的长期折磨使患者的耐受性降低,出现怨恨、冷漠、暴躁、难以控制情绪等表现。

4. **孤独感增强** 由于住院、卧床或传染病隔离等患者与外界隔绝,环境陌生、信息减少、亲情需求得不到满足,患者度日如年、产生强烈的孤独感。

5. **自尊心增强** 患病后患者的自尊心更加强烈。患者既要求别人加倍关心,又认为被关照意味着自己无能。患者的尊重需求得不到满足,则心情沮丧,自我价值感丧失。

6. **依赖性增强** 患病后的患者往往成为人们关心和帮助的中心并受到格外的照顾,这无形中使患者的依赖性增强。患者表现为小心翼翼、畏缩不前、自信心下降、行为幼稚、被动性加重。

7. **猜疑心加重** 患者对周围的人和事特别敏感,表现为多疑和矛盾行为。患者既不相信别人,又要向别人询问许多问题,同时内心恐惧并保持警觉状态。例如患者既想了解疾病的有关信息,又对所听到的解释持怀疑态度,甚至曲解别人的意思;看到或听到别人在低头私语,认为是在议论自己。

8. **习惯性心理** 习惯性心理不能使患者立即适应环境的变迁和状态的改变。患者在患病初期往往不能接受患病的事实,怀疑诊断有误;在疾病康复后又认为自己没有完全恢复、需要继续观察和治疗,担心出院后病情恶化,产生不安情绪,觉得不能适应正常的家庭生活。

9. **害羞与罪恶感** 有些患者常产生害羞和罪恶感,在就医时言行异常,表现吞吞吐吐、欲言又止、不愿暴露病变部位等。

三、影响患者角色适应的因素

(一)疾病因素

疾病的性质、症状和严重程度均会影响患者的角色适应。疾病的性质对患者来说极为重要,症状可见与否影响着患者的就医行为与角色适应。明显的症状、体征(如骨折、外伤出血)易促使人们迅速就医,并很快进入患者角色。对不显著的症状(如乏力、消化不良)人们则易漠不关心,不易进入患者角色。

疾病的预后情况和预期病程也是患者关注的影响因素。如果患者觉察到病情严重、将会影响其生活质量时,通常会立即寻求医护帮助,并易于适应患者角色。反之,患者会淡化患者角色行为或不易进入患者角色。

(二)医院环境

医院的规章制度对于患者来说,既是为其获得良好医护治疗的保证,又是对其行为及生活方式的约束。约束患者随心所欲的行为习惯和意愿,会促进患者角色适应。例如住院患者因受医院环境、病友的影响,会比没有住院的患者更容易适应患者角色。

(三)患者特征

1. **年龄、性别和性格** 老年患者角色易强化,希望通过患者角色引起别人的关注。女性患者易产生角色行为的冲突、消退。个性坚强者对疾病反应平静或强烈否认、拒绝。

2. **文化程度与生活习惯** 文化水平较低者对患者角色相对淡漠些。生活环境的改变和疾病、药物、治疗等需要约束和改变患者的生活习惯,患者往往无法适应角色。

3. 事业和家庭经济状况　患病后需要就医,不但影响患者的工作,也增加家庭的经济负担。若患者是家庭经济来源的主要承担者,更会加重家庭的经济负担。因此,患者担心事业中断和经济负担,不愿去就医或拖延诊治,不能进行患者角色适应。

(四)人际关系

家庭成员、亲朋好友、同事、医务人员与患者的关系影响患者角色适应。得到他人关心与帮助的患者比较容易适应角色。周围人群、家庭成员对疾病的态度直接影响患者角色适应。

四、促进患者角色适应的措施

(一)正确评估患者角色适应水平

患者在角色转变的过程中,其角色适应受患者的个性、性别、年龄及文化背景影响,会出现不同的行为改变。因此,护士应重视患者在角色适应中的问题与不良现象,应注意评估患者的角色适应水平,既要避免自身的言行对于角色转变可能产生的消极影响,又要注意创造条件帮助患者尽快完成角色转变,适应患者角色或逐渐解除患者角色,重归社会和家庭角色。

(二)创建良好舒适的医院环境

良好的医院环境是保证患者生理、心理舒适的重要因素,有利于疾病的康复和促进患者角色适应。应为患者创建适宜的空间范围,减轻因住院而产生的"社交隔离感";应避免噪声,保持安静;应保持合适的温度、湿度,并给予适宜的通风和适量的光线;病室装饰应简洁、美观,使人产生舒适、愉悦感。

(三)建立良好的人际关系

在与患者的接触中,应认真负责、尊重患者,耐心解释并取得理解,提供有关信息与健康教育,鼓励患者自我照顾,协助患者熟悉医院规则如入院须知、探视制度、陪住制度等,尽快帮助患者适应环境;建立良好的医患关系、护患关系;引导患者互相关心、互相帮助、互相鼓励,协助病友之间进行良好的感情交流,协助同病室病友之间建立良好的群体关系。

(四)发挥社会支持系统作用

社会支持系统涉及面较广,包括家庭、亲朋好友、同事、志愿者、社区及提供各类服务的支持机构。社会支持系统的主要功能有提供信息及指导,帮助患者解决问题;提供心理支持、关怀及鼓励,使患者感受到安全,以保持患者的自尊心及价值感;提供可能的物质支持及帮助。护士应帮助患者积极利用这些支持系统,缓解患者患病期间的焦虑和恐惧,并借助支持系统有效地解决患者亟待解决的问题,共同做好患者的身心护理,以促进患者角色适应。

(五)指导患者适应角色

护士是患者角色适应的主要指导者。为了促进患者能尽快适应角色,护士除自身应具有良好的语言、行为和技能等综合素质外,还应采用适当方法指导患者适应角色。

1. 患者入院时,护士应首先向患者做自我介绍,并进行医院环境、规章制度、注意事项、同室病友、有关医务人员的介绍。通过这些常规指导,消除患者的陌生感,树立患者的自信心,促使其尽快进入患者角色。

2. 患者住院期间,会面临各种治疗和护理,如诊断检查、创伤性治疗和护理等,随时可能出现各种生理、心理问题,表现出身体不适、焦虑、恐惧和不安等。护士应细心观察,准确掌握患者的身心变化,及时提供有效的医疗、护理信息和技术,尊重患者的知情同意权,随时给予有针对性的指导,使患者有信心充当好患者角色。

ER 3-5

指导患者
适应角色

3. 在与患者接触、互动的过程中,适当运用倾听、解释、疏导、支持、同情、鼓励等情感指导方法,通过沟通及时了解患者的情感和情绪变化,并及时给予适当的帮助,使其更好地完成患者角色转换。

第三节　护士角色

护士是医院这个特定环境中多种角色中的一种，有其特定的社会行为模式、特定的权利和义务。随着科技的不断发展、人民生活水平的提高和对健康保健的重视，社会对护士素质的要求也越来越高，护士的角色和功能范围不断扩大和延伸，要求护士必须接受专业教育，取得执业资格，并具有良好的专业知识和技能、高尚的职业道德和修养，为患者提供高质量的专业服务。

一、护士角色的概念

护士角色是指护士应具有的与护士职业相适应的社会行为模式。这种行为模式起源于社会的职业要求，并随着社会的变迁而变化。护士作为一种社会角色，应根据社会对护士角色的期望而努力塑造自我，逐步完善自身，以满足社会对护士的角色期待。

二、护士角色的特征

（一）护士的角色

1. 护理者　提供照顾是护士的首要职责。其主要任务是为患者提供直接的护理服务，满足患者生理、心理、社会各层次的需要。

2. 教育者　主要体现在护士根据患者的特点进行健康教育，指导患者学习保健知识，掌握疾病预防、康复训练等知识和技能；促进患者养成健康的生活态度，改善不良的生活习惯，提高生存质量。同时，护士担任教师的角色，承担学校教学和医院的带教任务。

3. 管理者　护士要对日常护理工作进行合理的组织、协调与控制，要对患者制订护理计划、组织诊疗和实施护理，要提高护理工作质量和效率。护士管理者要管理人力资源、物质资源，计划资金使用，制订医院、科室的整体护理发展方向。

4. 咨询者　护士运用沟通技巧解答患者提出的问题，提供有关的医疗、护理信息，给予心理支持和健康指导等，以满足患者的生理、心理和社会需要。

5. 协调者　为了保证患者在诊断、治疗、护理等方面工作的顺利进行，护士应与卫生保健机构相关工作人员相互联系、相互协助、相互配合，以保证患者获得最适宜的整体性医护照顾。

6. 患者利益维护者　从入院、住院到出院后的整个治疗、康复和预防过程中，患者会得到许多健康服务者的服务。护士有责任帮助患者从其他健康服务者那里获取相关信息，并补充患者需要的信息，维护患者的权益。同时，护士还应评估有碍全民健康的问题和事件，为医院或卫生行政部门作决策提供参考。因此，护士又是全民健康的代言人。

护士角色特征

7. 研究者和改革者　护士运用科学研究的方法解决护理实践、护理管理、护理教育、护理心理、护理伦理等领域中的问题。同时，护士具有改革精神，运用科学思维在实践中通过应用和检验不断改革护理服务方式，推动护理事业的不断发展。

（二）护士角色的扩展

随着护理实践的发展，护理的分科会越来越细，新技术的应用越来越多，护士的角色也会不断扩展，目前国外主要有以下几种：

1. 开业护士（nurse practitioner，NP）　能独立开具处方，并对常见疾病及损伤进行诊断及治疗。开业护士主要在自己单独开业的护理诊所、医院、养老院等机构为患者提供各种卫生及预防保健服务。

2. 认证护士助产士（certified nurse midwife，CNM）　主要在医院、分娩中心及家庭为妇女提供妇科保健，以及为危险性较低的产妇提供助产服务。

3. 专科认证注册护士（specialty certified registered nurse） 可以是独立开业者或临床护理专家，主要在多领域的专科如妇产科、儿科等场所开展护理工作。

4. 认证注册麻醉护士（certified registered nurse anesthetists，CRNA） 主要从事各种手术的麻醉及其他麻醉护理。

5. 护理教育者（nurse educator） 不仅拥有理论知识，而且具有丰富的临床实践经验。其主要工作在高等医学院校、护理继续教育培训机构等场所，从事护理教育、科研及管理等工作。

6. 护士行政管理者（nurse administrator） 主要指专门从事护理管理的人员。其在各种健康相关机构和场所行使护理行政管理职责，包括财务预算、人员招聘、机构工作计划的安排和制订等。

三、护士的基本素质

（一）概念

1. 素质 是指人在先天自然的基础上，受后天社会环境、教育的影响，通过个体自身的认识和社会实践，形成的较稳定的心理特征。先天是自然性的一面，是指人与生俱来的感知器官、神经系统，特别是大脑结构和功能上的一系列特点；后天是社会性的一面，是指人在先天的基础上，受后天生活和教育环境的影响，通过个体自身的认知、学习、社会实践和自我修养而获得的一系列知识技能、行为习惯、文化涵养及品质特点的综合表现。

2. 护士素质 是指护士在护理工作中应该具备的基本条件和能力。这种能力主要靠后天的勤奋学习和刻苦训练获得。其包括思想道德素质、专业素质和身心素质。具备良好的护士素质是护士从事护理工作的基本条件。

（二）护士的素质与要求

1. 思想道德素质 是做好护理工作的前提和基础。护理工作的对象是人，健康所系、性命所托的职业特性决定了护士首先要有良好的思想道德素质，自觉遵守职业道德规范。

（1）**政治思想素质**：热爱祖国、热爱人民、热爱护理事业，对护理事业有坚定的信念、深厚的情感。具有崇高的理想、高尚的道德情操及正确的人生观、价值观，能做到自尊、自爱、自立、自强，具有为人类健康服务的奉献精神。

（2）**职业道德素质**：具有高尚的情操，崇高的职业道德，诚实的品格和较高的慎独修养；具有高度的社会责任感和同情心。能设身处地为患者着想，理解患者，及时为患者提供护理，尊重患者的人格、尊严及权利。

知识拓展

慎 独

慎独是指在独处、无人注意时，自己的行为也必须谨慎不苟。也就是说，不论何时何地，或明或暗，或在群体中，或在单身独处时，都要小心谨慎，不可在思想和言行上偏离衡量好与坏、对与错的标准。慎独是重要的医德修养之一，也是医德修养的目标和标准，是护士必须具备的一种美德。

护士经常需要单独值班，许多专业性的护理活动是护士在患者意识障碍或家属不在场的情况下独立完成的，因此需要护士具有较高的职业道德。护士必须加强自身修养，提高综合素质，具备慎独精神，自觉地、忠实地维护患者的利益。

---

2. 专业素质 包括理论知识和职业技能两方面。护士应具备一定的科学文化知识、丰富的医学基础知识和娴熟的职业技能。

（1）**科学文化素质**：为适应医学模式的转变和护理学科的发展，现代护士应具备一定的科学文化素养。

（2）**专业知识和实践技能**：护士的专业知识是决定一位护士能否胜任护理工作的基本条件之一。护士运用足够的知识实施各种护理措施，运用规范、娴熟的护理技能为患者提供安全的护理服务。

（3）**敏锐的洞察能力**：患者的病情及心理状况是复杂多变的，有时患者身体或心理的细微变化，恰是某些严重疾病的征兆。护士只有具备敏锐的洞察能力，才能及时发现患者的身心变化，预测和判断患者的需要，协助诊断及治疗。

（4）**评判性思维的能力**：在临床护理实践中应用评判性思维可以帮助护士进行有效的护理决策，为患者提供高质量的护理服务。护士能综合运用所掌握的知识，对复杂的临床现象进行合理质疑和独立思考，从比较、质疑、分析问题等的过程中选择最佳途径，得出最佳结论和决定。护士应不断开阔视野，培养广博的兴趣，运用足够的知识储备认真思考，养成良好的思维习惯，不断提高评判性思维能力。

（5）**分析、解决问题的能力**：在护理工作中，护士会面对各种各样的护理问题，这就需要护士依据自己的专业知识，根据患者的具体情况分析问题，并采取恰当的措施予以解决。

（6）**独立学习和创新能力**：随着护理事业的不断发展与进步，护士要不断关注学科的新理论、新技术、新动态，及时更新理念、完善知识结构，同时要善于发现工作中的问题，不断探索、研究，促进护理学科的发展。

（7）**沟通、咨询、教育能力**：能随时将患者的病情进展及治疗情况与有关人员沟通，耐心倾听患者的问题并给予恰当的解答，能在各种适当的场合实施正式或非正式的健康教育。

3. 身心素质　护理工作是一种脑力与体力并举、与人的健康及生命密切相关的工作。护士经常面对患者各种病情危重、突发、多变的状况，身处复杂的人际关系中，需要日夜轮班等，这些特点决定了护士需要具备良好的身心素质。

（1）**心理素质**：护士应具有良好的心境、稳定的情绪、豁达的胸怀和坚强的意志力。护士应善于调节自己的情绪，保持平和的心态，并且以良好的心境影响患者。护士应对患者充满耐心、爱心、责任心，尊重患者的人格，做到慎言守密。同事间应互尊互爱，体现团队协作精神，建立良好的人际关系。护士应丰富业余生活，可以采取多种方式来调整心境，提高心理素质。

（2）**身体素质**：护士应具有健康的体魄、充沛的精力、整洁大方的仪表、端庄稳重的举止，具有良好的耐受力、敏捷的反应力和始终如一的工作热情。护士在平时要注意休息、加强营养，并注意锻炼身体。

护士素质的形成和提高是一个终身学习的过程，护士要不断提高自身素质，并随着时代的变化与时俱进。因此，每位护士都应明确护士素质的内容，在实践工作中不断加以完善和提高，努力成为一名素质优良的合格护士。

知识拓展

中华护理学会《护士守则》

第一条　护士应当奉行救死扶伤的人道主义精神，履行保护生命、减轻痛苦、增进健康的专业职责。

第二条　护士应当对患者一视同仁，尊重患者，维护患者的健康权益。

第三条　护士应当为患者提供医学照顾，协助完成诊疗计划，开展健康指导，提供心理支持。

第四条　护士应当履行岗位职责，工作严谨、慎独，对个人护理判断及职业行为负责。

第五条　护士应当关心、爱护患者，保护患者的隐私。

第六条　护士发现患者的生命安全受到威胁时，应当积极采取保护措施。

第七条　护士应当积极参与公共卫生和健康促进活动，参与突发事件时的医疗救护。

第八条　护士应当加强学习，提高执业能力，适应医学科学和护理专业的发展。

第九条　护士应当积极加入护理专业团体，参与促进护理专业发展的活动。

第十条　护士应当与其他医务工作者建立良好关系，密切配合、团结协作。

第四节　护患关系

在医院这个特定的环境中，护士与患者的关系是护士诸多人际关系中最重要的关系。在护理实践中，和谐的护患关系是护士人际关系的核心，影响其他人际关系和护理效果。因此，护士应重视和处理好这种关系，以提高护理质量。

一、护患关系的概述

（一）护患关系的概念

护患关系（nurse-patient relationship）是指在医疗、护理实践中护士与患者之间产生和发展的一种工作性、专业性、帮助性的人际关系。在医院这个特定的环境中，护患关系是护士与患者在医疗、护理中为了共同的目标而发生的人际互动现象，是护士面临的诸多人际关系中最重要的人际关系，两者之间的关系与护理实践的效果密切相关。

（二）护患关系的性质与特点

1. 帮助与被帮助的人际关系　在医疗、护理服务过程中，护士与患者通过提供帮助和寻求帮助形成特殊的人际关系。护士为患者提供服务，履行帮助职责；而患者作为被帮助者则是寻求帮助，希望满足自身的需求。其中任何一个个体的态度、情绪和责任心都会影响医疗、护理工作的质量和护患关系。

2. 专业性的人际关系　是指在护理实践中，以专业活动为主线，以解决患者的健康问题为中心，以满足患者需要为主要目的的一种专业性的人际关系。护患关系的实质是满足患者的需要，使护患关系有别于一般的人际关系，从而形成在特定情境下护患之间的专业性的人际关系。

3. 治疗性的工作关系　是指在护理实践中，护士通过有目的、有计划、有实施、有评价的护理活动来帮助患者解决健康问题，满足患者的需要，从而建立治疗性的人际关系。护士与患者之间的人际交往是一种职业行为，是护理工作的需要。建立良好的护患关系既是护士执业的需求，也是护士的基本责任与义务。

4. 护士是护患关系后果的主要责任者　护士作为护理服务的提供者，在护患关系中处于主导地位，其言行在很大程度上决定着护患关系的发展趋势。因此，一般情况下，护士是促进护患关系向积极方向发展的推动者，也是护患关系发生障碍的主要责任承担者。

5. 多元化的互动关系　护患关系在建立和完成的过程中，始终受患者的家属、医生、同事、朋友等的影响，他们从不同的角度、以多方位的互动方式影响着护患关系，从而影响护理效果。

6. 短暂性的人际关系　护患关系是服务对象在接受护理服务过程中存在的一种人际关系，一旦护理服务结束，这种人际关系一般就随之结束。

二、护患关系的基本模式

护患关系模式受医学模式和文化背景的影响而有所不同，在临床护理工作中，一般根据护患双方在共同建立及发展护患关系的过程中所发挥的作用、心理方位、主动性及感受性等因素的不同，可以将护患关系分为主动－被动型、指导－合作型、共同参与型三种基本模式。

（一）主动－被动型

1. 特点　这是一种最常见的、单向性的、以生物医学模式及疾病的护理为主导思想的护患关系模式。护士在护理关系中占主导地位，患者处于完全被动和接受的从属地位。患者服从护士的决定，而不会提出异议。这种模式的特征是"护士为患者做什么"，只强调护士对患者单方面的作用和影响。

2. 适用对象　此模式主要适用于难以表达主观意志的患者，如昏迷、休克、全麻、有严重创伤及精神病的患者。一般此类服务对象部分或完全地失去了正常思维能力，需要护士有良好的职业道德和高度的责任心，使患者在这种单向的护患关系中早日康复。

（二）指导－合作型

1. 特点　这是一种以生物－心理－社会医学模式为指导思想的护患关系模式。在护理活动中，护患双方都有主动权，但护士在护患关系中仍占主导地位，具有决策权。这种模式的特征是"护士告诉患者做什么""护士教会患者做什么"，患者以执行护士的意志为基础，主动配合护理活动，同时可向护士提供有关自己的疾病信息，也可以对自己的护理及治疗提出意见。

2. 适用对象　此模式主要适用于急性患者和外科手术后恢复期的患者。此类患者神志清楚但病情重、病程短，对疾病的治疗及护理了解少，需要依靠护士的指导以便更好地配合治疗及护理。此模式的护患关系需要护士有良好的职业道德、高度的责任心、良好的护患沟通及健康教育技巧，使患者在护士的指导下早日康复。

（三）共同参与型

1. 特点　这是一种双向性的、以生物医学－社会心理模式及健康为中心的护患关系模式。护患双方的关系建立在平等的地位上，双方相互尊重、相互学习、相互协商，对护理目标、方法及结果都较为满意。在护理活动中，护士常以"同盟者"的形象出现。这种模式的特征是"护士帮助患者自我恢复""护士和患者商量做什么"，护士尊重患者的权利，与患者商定护理计划，体现护患之间平等合作的双向作用。

2. 适用对象　此模式主要适用于慢性病患者、康复期患者。患者对自己的健康状况有了充分的了解，把自己看成是战胜疾病、恢复健康活动的主体，有强烈的参与意识。

护患关系的模式并非固定不变，在护理过程中，护患关系可随患者的病情、护患愿望而从一种模式转向另一种模式。

三、护患关系的基本过程

护患关系是以患者康复为目的的特殊人际关系，是护士出于工作需要，患者出于健康需要接受护理而建立起来的一种工作性的帮助关系。良好护患关系的建立与发展一般分为以下三个阶段：

（一）观察熟悉阶段

此阶段始于护士与患者初次见面时，以及相互接触的最初阶段，到正式合作为止，即从相识到相互了解的过程。

1. 主要任务　是护士与患者的初识阶段，也是护患之间开始建立信任关系的时期。此阶段的主要任务是建立相互了解及信任关系，确认患者的需要。

2. 具体做法和要求　护士在了解和收集患者基本信息的基础上以良好的职业形象呈现在患者面前，首先做自我介绍，解释所负责的工作，介绍负责患者的医生、病区环境、医院的规章制度、病房的室友等。护士的态度真诚，体现爱心、责任心、同情心，以利于建立一个有助于增进患者自尊的环境，并取得患者的信任。护士通过接触了解患者，收集有关患者的健康资料，找出健康问题，初步制订护理计划。护士在与患者交往的过程中所展现的良好仪表、言行和态度，都将有利于护患间信任关系的建立。

（二）合作信任阶段

此阶段是护士与患者在相互信任的基础上开始护患合作的过程，是护士为患者实施护理的阶段。护士通过完成各项护理工作，帮助患者接受治疗和护理，护患双方密切配合，此阶段也称为相互合作期。

1. 主要任务　此阶段的主要任务是护士在实施护理措施的过程中，通过高尚的职业道德、熟练的护理技术和良好的服务态度，赢得患者的信任，取得患者的合作，最终满足患者的需要。

2. 具体做法和要求　护士应尊重患者，与患者协商并鼓励患者参与护理计划的制订和护理活动的实施，以增进其自主性、减少其对护理的依赖，并根据患者的具体情况不断地修改及完善护理计划。此阶段护士的专业知识和技能，良好的工作态度是保证良好护患关系的基础。

（三）终止评价阶段

通过护患之间的密切合作，达到了预期的护理目标，在患者康复出院时，护患关系进入终止阶段。

1. 主要任务　此阶段的主要任务是护士与患者共同评价护理目标的完成情况，并根据尚存的问题或可能出现的问题制订相应的对策。

2. 具体做法和要求　在进入本阶段时，护士应先了解可能出现的问题，拟定解决方案，并征求患者的意见，以便今后改进工作。本阶段需要对护理工作进行反馈评价，主要内容包含护理目标的完成情况、患者对目前健康状况的接受程度、患者对护理服务的满意度等。护士应为患者拟定出院计划、康复计划，并提供相应的健康教育指导，以防止患者在出院后由于健康知识的缺乏而出现某些并发症。

此外，由于住院期间双方良好护患关系的建立和合作，会使患者对护士产生某种程度的依赖。因此，护士应了解患者的心理感受，帮助其恢复信心、愉快出院，从而顺利地结束护患关系。

四、护患关系的影响因素

（一）信任危机

信任感是建立良好护患关系的前提和基础，护士是主要因素，良好的态度、认真负责的精神、扎实的专业知识和娴熟的职业技能是赢得患者信任的重要保证。护士的因素主要有：

1. 职业道德修养　良好的职业道德是建立和发展护患关系的基础。职业道德主要包含对护理事业和对患者利益的忠诚，对护理工作的审慎负责，对患者疾苦的同情和重视等。

2. 服务态度　护士的服务态度是影响护患关系的重要因素。优质的服务态度体现在微笑服务、礼貌用语、轻声细语、仪表端庄、行为举止规范。尊重、关注和爱护患者，均有利于建立良好的护患关系。

3. 业务能力　丰富的理论知识和精湛的业务能力是优秀护士的必备条件。护理业务不精，就无法为患者提供优质的技术服务和相应的健康教育指导。

ER 3-7

护患关系的
影响因素——
角色模糊

（二）角色模糊

角色模糊是指个体（护士或患者）由于对自己充当的角色不明确或缺乏真正的理解而呈现的状态。

（三）责任冲突

责任冲突是护患双方对自身的角色功能认识不清，不了解自己所应承担的责任和义务，从而导致护患关系冲突。护患责任不明主要表现在两个方面：一是对患者的健康问题，应由谁来承担责任；二是对于改善患者的健康状况，应由谁来承担责任。

ER 3-8

护患关系的
影响因素——
理解分歧

（四）理解分歧

由于护患双方在年龄、职业认知、受教育程度、生活环境等方面的差异性，在交流沟通中往往容易产生不同的意见和观点，从而影响护患关系。

除了上述几个因素外，良好护患关系的建立还受到环境因素、社会因素等的影响。

五、促进护患关系的方法

良好的人际关系是人心理健康的重要标志之一。护理工作的目的是最大限度地帮助人保持健康、恢复健康、减轻痛苦。良好的护患关系不仅可以帮助患者恢复身体上的健康，而且对保障及恢复患者的心理健康有重要的意义。因此，护士必须掌握促进良好护患关系的方法及技巧。

（一）创造良好护患关系的气氛及环境

建立一个有利于患者早日康复的和谐、安全、支持性的护理环境，使患者在接受治疗及护理服务过程中保持良好的心理状态，尽可能地发挥自己的潜能，最大限度地参与治疗、护理及恢复健康的活动。同时也应该充分尊重患者的权利及人格，平等地对待每一位患者，并为其创造关怀、温暖的环境，使患者感到被接纳及理解，减少其由于疾病而造成的焦虑、孤独、猜疑等心理，以发展良好的护患关系。

（二）与患者建立充分的信任关系

信任感的建立是良好护患关系的前提。信任是个人依赖他人进行交流的一种个人愿望，包括对个人不加评判的接纳。信任感在人际关系中有重要的作用，它有助于交往的双方产生安全感，使人感受到别人的关心及重视。同时信任感的产生可以创造出一种支持性的气氛，使人能够真诚、坦率地表达自己的价值观、感情、思想及愿望。护士在护理的过程中，应注意通过自己的责任心、爱心、同情心及耐心来创造一个有充分信任及支持感的气氛，并通过自己扎实的护理知识及技能，增加患者对自己的信任感，以发展良好的护患关系。

小故事：一张暖心的便利贴

（三）良好的人际沟通技巧

护患关系的建立与发展是在双方沟通的过程中实现的，有效的沟通将产生良好的护患关系，缺乏沟通或无效的沟通会导致护患之间产生误解或冲突。因此，良好的沟通技巧是建立及增进护患关系的基础。护士可以通过语言及非语言的沟通方式，运用移情、倾听、证实、自我暴露等技巧与患者进行有效的沟通，从而了解更多有关患者的健康状况、心理感受等方面的信息，更好地满足患者的需要。同时通过护患双方良好的沟通交流，增加了彼此的了解及信任，促进了护患关系的发展。

（四）为患者树立角色榜样

理解患者角色所承受的心理社会负担，为患者树立角色榜样，减少患者的角色冲突，促进患者的角色转换。

（五）健康的工作情绪

在工作中应该时刻注意自己的情绪，不要将不良的情绪带到工作中。在与患者交流的过程中，不要将自己的观念强加给患者。

（柏晓玲　何见平）

思考题

1. 角色多指戏剧、影视剧中的人物，为何患者也称为角色？患者角色有何特征？您是怎么理解的？

2. 一个人生病后需要向患者角色转化，您认为在转化过程中有哪些适应不良的表现？

3. 请谈谈您对护士素质中关于"慎独"的理解。

4. 您如何理解护士与患者的关系？请谈谈两者之间的关系模式及特点。

5. 在护理工作中，建立良好的护患关系需要经历哪几个阶段？每个阶段有什么特点？

练习题

第四章 | 护理支持性理论

教学课件

思维导图

学习目标

1. 掌握系统、需要、压力、压力源、适应、成长、发展、沟通等基本概念。
2. 熟悉住院患者常见的压力源，阻碍沟通的因素，成长与发展的规律和影响因素。
3. 了解系统理论并据此解释护理程序的框架。
4. 学会评估住院患者不能满足的需要并能提供帮助，协助患者适应压力，运用非语言沟通的交流方式和沟通技巧，在护理中应用成长与发展理论。
5. 具有系统观的视角，爱护、支持患者的人文精神。

情境导入

患者，女，49岁，因转移性右下腹部疼痛2天、加重3小时就诊于门诊，并以"急性阑尾炎"收入院。入院后患者同意手术，但恐惧手术，表现为烦躁不安，不断询问手术过程、手术效果等。责任护士小张向患者详细讲解了手术过程，列举了同类手术治疗的效果，还请同病区已经做过手术的患者介绍了经验，之后患者的恐惧心理有所缓解。

请思考：

1. 该患者入院后出现了哪些压力？具体表现是什么？
2. 该患者有哪些需要？现在的优势需要是什么？
3. 护士小张的工作方法合适吗？谈谈你的想法。

理论（theory）是对特定领域内的现象和活动的本质性、规律性的描述。护理理论是指对护理现象系统的、整体的看法，以描述、解释、预测和控制护理现象。20世纪40年代，社会科学中许多有影响的理论和学说相继被提出和确立，为护理学的进一步发展奠定了理论基础，这些对护理学发展产生深远影响的支持性理论包括一般系统理论、需要层次理论、压力与适应理论、成长与发展理论、沟通理论等。

第一节　一般系统理论

1937年，贝塔朗菲（Ludwig von Bertalanffy）提出了"一般系统理论"的概念。20世纪60年代以后，系统理论得到了广泛的发展，其理论与方法已渗透到有关自然和社会的许多科学领域，产生着日益重大而深远的影响。

系统理论的发展

贝塔朗菲在 1932 年提出了"开放系统理论",揭示了系统理论的思想;在 1937 年进一步提出了一般系统理论原理,奠定了这门科学的理论基础。系统理论认为整体性、有机关联性、动态性、有序性、目的性是所有系统的共同的基本特征。这些既是系统所具有的基本思想观点,又是系统方法的基本原则。系统理论不仅是反映客观规律的科学理论,而且具有科学方法论的含义,这正是系统理论这门科学的特点。

一、概述

(一)系统的概念

系统一词,是由部分构成整体的意思。人们从各种角度出发研究系统,有关系统的定义不下几十种。一般系统理论则试图给出一个能描述各种系统共同特征的一般系统的定义,即系统(system)是由若干相互联系、相互作用的要素所组成的具有特定结构及功能的有机整体。也就是说,系统是由一些要素(子系统)所组成的,这些要素间相互联系、相互作用;同时,系统中的每一个要素都有自己独特的结构和功能,但这些要素集合起来构成一个整体系统后,它又具有各孤立要素所不具备的整体功能。

(二)系统的分类

1. 开放系统与闭合系统 按系统与环境的关系,系统分为开放系统和闭合系统。开放系统指与周围环境不断进行着物质、能量和信息交换的系统,大部分系统都为开放系统;闭合系统指不与周围环境进行物质、能量和信息交换的系统。绝对的闭合系统是不存在的,只有相对的、暂时的闭合系统。

2. 实体系统和概念系统 按组成系统的内容和要素的性质,系统分为实体系统和概念系统。实体系统指以物质实体构成的系统,如机械系统;概念系统指由非物质实体构成的系统,如信息系统。

ER 4-3

按系统与环境的关系对系统进行分类

3. 动态系统和静态系统 按系统状态是否随时间推移而变化,系统分为动态系统和静态系统。动态系统指系统的状态会随时间的变化而变化,如生物系统;静态系统指系统的状态不随时间的变化而改变、具有相对稳定性的系统,如一个建筑群。但是,绝对的静态系统是不存在的。

4. 自然系统、人为系统和复合系统 按人类对系统是否施加影响分类,系统首先被分为自然系统和人为系统。自然系统指自然形成、客观存在的系统,如宇宙系统;人为系统指为某特定目标而人为建立的系统,如护理质量管理系统。复合系统指自然系统和人为系统的综合,如医疗系统、教育系统。

在现实生活中,大多数的系统都是复合、开放、动态的系统。

(三)系统的基本特征

1. 整体性 是一般系统理论的核心。系统是若干事物的集合,系统反映了事物集合的整体性,但又不简单地等同于整体。因为系统除了反映事物的整体之外,它还反映整体与部分、整体与层次、整体与结构、整体与环境的关系。这就是说,系统是从整体与其要素、层次、结构、环境的关系上来揭示其整体性特征的。要素的无组织的综合也可以成为整体,但是无组织状态不能成为系统,系统所具有的整体性是在一定组织结构基础上的整体性,系统中的要素以一定方式相互联系、相互作用而形成一定的结构,才具备系统的整体性。

2. 有机关联性 系统是要素的有机集合。系统各要素之间是相互联系、相互制约的,其中任何要素发生功能或作用的变化，都会引起其他各要素乃至于整体功能或作用的相应变化。各要素与整体系统间也是相互联系和影响的，各要素的变化都将影响整体功能的发挥。系统的性质以要素的性质为基础，系统的规律要通过要素之间的关系（系统的结构）体现出来。

3. 动态性　系统的动态性包含两方面的意思，其一是系统内部的结构是随时间而变化的，系统的有机关联不是静态的而是动态的；其二是系统必定与外部环境存在着物质、能量和信息的交换。例如，生物体保持体内平衡的重要基础就是新陈代谢，如果新陈代谢停止就意味着生物体的死亡，这个作为生物体的系统就不复存在。贝塔朗菲认为，实际存在的系统都是开放系统，动态是开放系统的必然表现。

4. 有序性　系统的结构、层次及其动态的方向性都表明系统具有有序性的特征。系统的存在必然表现为某种有序状态。系统有序性的程度越高，稳定性也越好；系统从有序走向无序，它的稳定性便随之降低；完全无序的状态就是系统的解体。

5. 目的性　也称为"预决性"。贝塔朗菲认为，系统的有序性是有一定方向的，即一个系统的发展方向不仅取决于偶然的实际状态，还取决于它自身所具有的、必然的方向性，这就是系统的目的性。例如，医院系统的目的应是为人民提供医疗保健、防病治病的服务，那么这个系统中的要素也都是围绕这个目的产生、发展的。

（四）系统的结构与功能

1. 结构与功能的概念　结构指系统内部各组成要素在空间或时间方面的有机联系与相互作用的方式与顺序，是由各要素的特殊本质所共同决定的，是按其本身发展规律逐步形成的内在关系，能够反映系统的内在构成。功能是指系统与外部环境相互联系和作用过程中的性质、能力和功效，功能是事物在特定环境中可能发挥的作用与能力，是系统的外在行为。

2. 结构与功能的关系

（1）结构与功能相互作用，相互转化：系统的结构与功能之间的关系并非简单的一一对应的线性关系，而是错综复杂的非线性关系。

一方面，系统的结构是功能的基础，结构决定功能；系统的功能依赖于结构，不能脱离结构而存在。一般来说，结构不同，功能就不同。例如人体的癌细胞在结构上发生变异，其功能就与正常细胞不同。但结构相同，也可能表现出功能的差异，这种情况与外部条件有关，如细胞在体内和体外的功能差异。另一方面，任何系统的功能都可概括为"对环境作出反应"，系统通过输入、转换、输出与反馈来实现系统的这一功能，保持与环境的协调和平衡并维持自身的稳定（图 4-1）。系统通过对输入的自我调节，保持其平衡与稳定状态，物质、能量、信息通过系统的转换变为人们所需要的输出，并不断对周围的环境产生影响。功能又在适应不断变化的环境的同时反作用于系统的结构，系统功能的发挥既是结构稳定的条件，又是结构变化的前提。改变了的系统结构可以具有更佳的功能，使得功能得到更好的发挥。

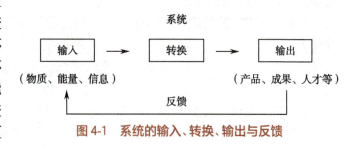

图 4-1　系统的输入、转换、输出与反馈

（2）结构与功能相对区别、相对分离：结构埋藏于内，功能表现于外，结构反映系统的内在构成，功能是系统的外在行为。二者的着眼点不同，不能相互取代。

二、一般系统理论与护理

（一）用系统的观点看待人

1. 人是一个系统　护理的对象是人；人是一个整体，是由生理、心理、社会、精神、文化等要素组成的系统。要素之间具有相关性,并互相产生影响。例如人的心理状态会影响人的血压等生理状态。

2. 人是一个开放的系统　人的生命活动的基本目标是维持人体内外环境的协调与平衡。这种协调与平衡是人体自身对内外环境变化的适应性调整,是一个与环境进行物质、能量和信息交换的开放系统。

3. 人是具有主观能动性的动态系统　一方面人体存在自然的免疫监控机制,另一方面人思想意识上的主动性,使人对自身健康的活动具有选择、调节、维护的能力,所以人是具有主观能动性的动态系统。

(二) 用系统的观点看待护理

1. 护理是一个具有复杂结构的系统　护理系统包括医院临床护理、护理管理、护理教育、护理科研等一系列相互关联、相互作用的子系统。各子系统内部又有若干层次的子系统。它们之间的关系错综复杂、相互影响。要发挥护理系统的最大效益,必须具有全局观念,运用系统的方法,不断优化系统的结构,调整各部分的关系,使之协调发展,高效运行。

2. 护理是一个开放的系统　护理系统是社会的组成部分,也是国家医疗卫生系统的重要组成部分。护理系统从外部输入新的信息、人员、技术、设备,并与现代社会政治、经济、科技,特别是医疗等系统相互影响、相互制约。在开展护理工作时,要充分考虑护理系统和医疗系统、社会其他系统的相互作用关系,通过不断调整、控制与适应,保持护理系统与外部环境的协调,以求得护理系统的稳定与发展。

3. 护理是一个动态的系统　随着科学技术的快速发展,社会对护理的需求不断变化。这必然对护理的学科构成、组织形式、工作方法、思维方式提出变革的要求。护理系统要适应变化、主动发展,就必须清楚认识到护理的动态性,深入研究护理系统内部的发展机制和运行规律,要善于学习、勤于思考、勇于创造、敢于革新。

4. 护理过程是一个具有决策与反馈功能的系统　在护理过程中,护士和患者是构成系统的最基本要素,而护士又在基本要素中起支配、调控作用。患者的康复依赖于护士在全面收集资料、正确分析的基础上的科学决策和及时的评价与反馈,为患者提供连续的、整体的护理。

第二节　需要层次理论

需要是维持人类生存与发展的基本条件,人的生存与发展离不开各种基本需要的满足。如果基本需要得不到满足,人的健康就会受到影响。护理的过程应是满足人的基本需要的过程。了解需要的基本概念、特征等内容,有助于护士应用需要理论更好地为服务对象提供关怀和照顾,维护并促进人类健康。

一、概述

(一) 需要的概念

1. 需要(need)　是主体对自身生存和发展的一切条件的依赖、指向和需求。需要是个体活动的基本动力,是个体行为动力的重要源泉。人的各种活动或行为都是在需要的推动下进行的。

2. 基本需要(basic need)　是个体生存、成长与发展,维持其身心平衡最基本的需求。人是生物实体,又是社会成员,为了自身与社会的生存与发展,必然产生一定基本的需求,如食物、睡眠、交往等。它是人类所共有的,如果不能被满足可导致机体失去平衡而产生疾病。为了维持生命和保持健康,所有人都必须满足其基本需要。人的基本需要是人类所共有的需要,具有以下特征:①具有基本需要可免于疾病;②缺少基本需要可引起疾病;③恢复基本需要可治愈疾病;④在某种非常复杂的、自由选择的情况下,缺失基本需要者会首先满足其基本需要;⑤基本需要在健康人身上处于静止的、低潮的或不起作用的状态中。

（二）需要的特征

1. 动力性与无限性　需要是人进行活动的基本动力。人一旦产生了某种需要，就会朝着需要的目标行动，当某种需要得到满足后，又会产生新的需要。个体正是在不断产生需要与满足需要的活动中得到成长与发展，并推动社会的发展。

2. 共同性与独特性　无论种族、年龄、性别及社会文化背景如何，人类拥有某些共同的基本需要，如需要空气、食物、水等。此外，个体还有区别于他人的独特需要，这由个体的遗传因素、环境因素所决定。需要的独特性既可体现在需要对象和程度的不同，还可体现在需要满足方式、在特定情形下优势需要的不同。

3. 整体性与关联性　人的需要相互联系、相互影响、相互作用；既互为条件，又互为补充，共同形成一个整体。一种需要的满足会影响另一种需要的存在和发展。例如，物质需要是精神需要存在与发展的基础和保障，精神需要的满足是物质需要满足的补充。

4. 动态性与共存性　人的需要随着内在和外在条件的变化而动态发展。人在同一时期可能存在多种需要，但是在不同的发展阶段，个体有不同的优势需要。

（三）影响需要满足的因素

人类基本需要的满足受个体因素、环境因素、社会因素、文化因素等多种因素的影响。个体因素包括生理因素、认知因素、情绪因素等。例如，生理因素中，各种疾病、损伤及其造成的疲乏、疼痛、活动受限会使人的活动需要得不到满足；认知因素中，缺乏有关健康和疾病相关的知识和信息会使人不能正确地识别自我需要和选择满足需要的途径和手段；情绪因素中，焦虑、抑郁等负性情绪会对需要的满足产生负性影响。不适宜的光线和温度、噪声等不良环境因素会影响需要的满足。此外，社会发展、经济水平、社会交往、各地不同的风俗习惯、文化经历、教育状况等也会影响需要的满足。

二、需要层次理论的内容

20 世纪 50 年代以来，心理学家、哲学家和护理学家从不同角度对需要进行了研究，提出了不同的需要理论和模式。其中马斯洛（Abraham H. Maslow）所提出的需要层次理论最为著名，并在许多领域得到了广泛应用。

（一）人的基本需要层次

1. 生理需要　是指维持生存及种族延续的最基本的需要，包括空气、水、食物、睡眠、排泄、休息和活动等。生理需要是人类生存的最基本需要，是其他需要产生的基础。当生理需要被满足时，它就不再成为个体行为的动力，个体就会产生更高层次的需要。反之，当个体被生理需要控制时，个体的其他需要就会被推到次要地位。

2. 安全需要　是指希望受保护、避免危险、获得安全感、生活稳定、有保障。在生理需要得到相对满足后，安全需要就会显露出来。如果安全需要得不到满足，个体可出现焦虑、恐惧、害怕等负性情绪体验以及寻求安全的行为。安全需要普遍存在于各个年龄期，尤以婴儿期更易察觉。

3. 爱与归属需要　是指个体对家庭、友伴的需要，对得到组织、团体认同的需要。其包括给予和接受两个方面，个体希望去爱别人和被别人爱，希望被他人或群体接纳及爱护，建立良好的人际关系。若这一需要得不到满足，人便会感到孤独、空虚、被遗弃。

4. 尊重需要　包括自尊需要与他尊需要。自尊是指个体渴求能力、信心、成就、实力等；他尊是指个体希望得到别人的尊重、认可、赞赏等。当尊重需要得不到满足时，人便会怀疑自己的能力和价值，产生自卑、软弱、无能等感觉。

5. 自我实现需要　是指个体希望最大限度地发挥自己的潜能，实现自我价值，为社会作出自己的贡献。自我实现需要是最高层次的需要，处于这一需要层次的个体努力发挥自己的潜能，努力实现理想（图 4-2）。

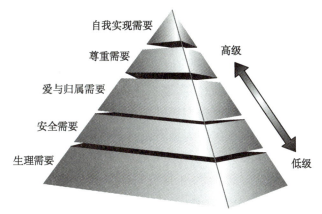

图 4-2　马斯洛基本需要层次理论

ER 4-4

马斯洛需要层次理论的完善

需要层次常指以上的五个需要层次。马斯洛后来在尊重需要、自我实现需要之间补充了求知需要、审美需要。求知需要指个体对自己、对他人、对周围事物有了解和探索的需求。求知需要源于人的好奇心，学习及发现未知的事物会给人带来满足和幸福。审美需要指个体对美好事物欣赏，并希望周围事物有秩序、有结构等心理需求。

（二）需要层次之间的关系

马斯洛认为人类的基本需要具有层次性。

1. 需要的满足过程逐级上升　一般情况下，低层次的需要优先满足，当低层次的需要得到基本满足后，个体才会追求高层次的需要。

2. 满足需要的紧迫性不同　有些需要必须立即予以满足（如氧气），而有些需要可以暂缓或延后满足（如食物、睡眠），但它们最终都是需要得到满足的。

3. 人的行为是由优势需要决定的　同一时期内，个体可以存在多种需要，但只有一种需要即优势需要占主导地位，这一时间段的个体行为都是为了满足该优势需要。随着优势需要的变化，人的行为也发生改变。

4. 各层次的需要相互依赖、彼此重叠　较高层次的需要并不是在较低层次的需要完全满足后才出现的，而是随着较低层次需要的不断满足，较高层次需要就会逐渐出现。较低层次的需要被满足后并未消失，而是对个体的影响力降低，表现为需要之间的重叠。

5. 各需要间的层次顺序并非固定不变　不同的人，在不同的条件下，需要的层次顺序会有所不同，最明显、最强烈的需要应首先得到满足。

6. 层次越高的需要，其被满足的方式和程度的个体差异性越大　人们对生理需要的满足方式基本相同，而对于尊重、自我实现等较高层次需要的满足方式却有较大的差异，这与个体的性格、受教育程度、社会文化背景有关。

ER 4-5

韩德森的患者需要模式

7. 基本需要的满足程度会影响健康　生理需要的满足是维持人类生存和健康的必要条件。虽然有些高层次需要并非生存所必需，但其有助于促进生理功能，如果得不到满足会引起焦虑、抑郁等负性情绪，诱发疾病。

三、需要层次理论与护理

在护理实践中应用基本需要层次理论指导护理工作，有助于护士充分理解整体护理的意义，满足服务对象不同层次的需要；有助于护士识别服务对象未满足的需要，找出护理问题并按照需要层次将其进行排列,根据轻、重、缓、急选择护理措施。

(一)需要层次理论对护理实践的意义

1. 系统地收集资料,识别患者尚未满足的需要 以需要层次理论为框架,有助于护士系统、全面地收集患者的资料,识别患者在各个层次上未能满足的需要,发现护理问题。

2. 领悟和理解患者的行为和情感 需要层次理论有助于护士领悟和理解患者的异常行为和情感。例如因化学治疗(简称"化疗")导致脱发的患者即使在夏天也要戴上假发或饰巾,是出于尊重需要;住院患者希望亲友探视和陪伴是出于爱与归属需要。

3. 判断患者的优势需要,确定护理计划的优先次序 按照基本需要的层次,分析护理问题的轻、重、缓、急,判断患者的优势需要,按照优先次序为患者制订护理计划。

4. 预测患者即将出现及尚未表达的需要 针对患者可能出现的问题,积极采取预防措施。例如在患者刚入院时,护士应预测到患者的安全需要,主动介绍医院的制度、环境、负责治疗的医护人员等,避免患者由于对环境不熟悉而产生不安全感。

(二)患者未能满足的需要

在健康状态下,个体能够满足自己的基本需要,但在患病时,个体难以自行满足这些需要,或难以识别、满足自身在患病状态下的需要。护士应全面评估患者的各种需要,并根据优先次序制订和实施相应的护理措施,以促进患者健康。

1. 生理需要 疾病常导致患者的生理需要无法得到满足,护士应及时评估并协助满足患者尚未满足的生理需要。

(1)**氧气**:呼吸道阻塞等病因可导致患者缺氧、呼吸困难。护士应及时评估缺氧的程度、原因,选择正确的氧疗方法,满足患者对氧气的需要。

(2)**水**:水代谢紊乱表现为脱水、水肿、电解质紊乱、酸碱失衡等。护士应及时、正确评估水代谢紊乱的程度和原因,协助医生及时纠正水代谢紊乱。

(3)**营养**:营养失调表现为肥胖、消瘦、各种营养素缺乏等。护士应正确评估患者的营养状况,给予合理的营养支持与指导。

(4)**温度**:包括环境温度与体温。护士应为患者提供温度适宜的环境,正确评估患者的体温,采取有效措施使患者的体温维持在正常水平。

(5)**排泄**:排泄异常表现为便秘、腹泻、大小便失禁等。护士应评估患者是否出现排泄异常,针对原因采取护理措施,满足患者对排泄的需求。

(6)**休息和睡眠**:休息和睡眠异常表现为各种睡眠型态紊乱。护士应充分评估患者的休息与睡眠情况,评估其影响因素,积极采取措施以促进休息与睡眠。

(7)**舒适**:患者因疾病原因常出现各种急、慢性疼痛。护士应正确、及时评估疼痛的程度、部位等状况,针对原因采取措施,积极预防与处理。

2. 安全需要 由于不了解自身的疾病和治疗、护理手段,患者患病时会感到安全受到威胁、安全感下降,如担心得不到良好的治疗和护理。护士应评估患者的安全状况,积极采取措施以保障患者的安全。

(1)**避免身体受伤害**:为患者提供安全的住院环境,防止发生意外。例如,告知患者呼叫器的使用方法、使用床栏的方法等。

(2)**避免心理上的威胁**:及时进行入院宣教,耐心解答患者的疑问,保证护理操作规范及良好的服务态度。

3. 爱与归属需要 患者患病时因住院与家属分开,加上患病导致自理能力下降,易出现无助感增强,希望得到亲人、朋友和周围人的亲切关怀、理解和支持。护士应努力建立良好的护患关系,鼓励病友之间相互交流,鼓励家属探视、关心患者,让患者感受到关怀。

4. 尊重需要 患者会因疾病导致自理能力下降、体像改变、隐私得不到保护而产生低自我价值感。护士应注意保护患者的隐私,指导患者适应因疾病带来的体像改变,对患者使用礼貌和尊重的称呼,重视及听取患者的意见。

5. 自我实现需要 疾病可导致患者暂时或长期失去某些机体功能,特别是当出现重要能力丧失时,患者不得不离开自己的学习、工作岗位等,这将影响其自我价值的实现。护士应鼓励患者表达自身的感受、通过积极康复为自我实现创造有利条件,并鼓励患者根据具体情况重新树立人生目标。

各层次需要之间是相互联系、相互影响的,不能将其孤立地看待。在护理实践中,护士应把患者看作整体,在满足其低层次需要的同时,还要考虑到其较高层次的需要。例如,在为患者进行导尿时,既要满足患者排泄的需要,还要注意遮挡患者,保护患者的隐私,满足患者的尊重需要。

(三)帮助患者满足需要

护士在护理患者时,一方面应满足患者的基本需要;另一方面,应鼓励患者依靠自己的力量恢复健康。只有当患者意识到自己有力量摆脱病痛、获得康复时,才会积极参与护理活动,与医护人员良好合作。在这种需要的满足过程中,个体的自理能力便得到了发展。护士在通过评估明确患者存在的尚未满足的需要后,应根据患者的具体情况制订相应的护理计划,选择合适的护理措施,帮助患者满足基本需要,解决健康问题。满足患者需要的方式有如下几种:

1. 直接帮助 对完全没有能力满足自己需要的患者,如意识不清的患者,护士提供直接的帮助,全面帮助患者满足生理和心理的需要。

2. 间接帮助 对于能自行满足部分基本需要的患者,护士应鼓励患者完成力所能及的活动,帮助他们发挥最大的潜能以满足需要,最终达到独立状态。例如鼓励骨折患者进行肢体功能锻炼,以逐步恢复患者满足其基本需要的能力。

3. 教育支持 对于有能力满足自己基本需要的患者,护士可通过健康教育、咨询、指导等方法,减少和消除可能影响患者基本需要得到满足的障碍因素,预防潜在健康问题的发生。

第三节 压力与适应理论

人生活在纷繁复杂、竞争激烈的现代社会,会面对各种各样的压力,不同的个体会采取不同的适应方式。学习压力与适应理论可以使护士进一步认识压力,能够全面评估自身及服务对象的压力,采取恰当的减压措施,促进身心健康。

一、概述

(一)压力的概念

压力(stress)又称"应激",是一个复杂的概念,不同学科对压力研究的侧重点不同,对压力的解释及看法也有所不同。汉斯·塞利(Hans Selye)从生理学角度认为,压力是环境中的刺激所引起的人体的一种非特异性反应。目前普遍认为,压力是个体对作用于自身的内外环境刺激作出认知评价后,引起的一系列生理及心理紧张性反应状态。

压力源(stressor)指任何能使人体产生压力反应的内外环境刺激。常见的压力源有以下几类:

1. 生理性压力源 如饥饿、疲劳、疼痛、疾病等。

2. 心理性压力源 如焦虑、恐惧、生气、挫折、不祥的预感等。

3. 生物性压力源 如细菌、病毒、寄生虫等。

4. 物理性压力源 如高温、强光线、噪声等。

5. 化学性压力源 如水污染、药物毒副作用等。

社会文化性压力源 如孤独、人际关系紧张、学习成绩不理想、工作表现欠佳等。

需要注意的是，由于压力源种类繁多，且许多压力源之间还存在交叉关系，因此较难进行严格分类。上述内容仅对压力源的性质进行了分类，便于护士识别护理对象的压力源，并进行针对性的护理。

ER 4-6　霍姆斯及拉赫的生活改变与疾病关系学说

（二）压力的防卫

人们有自然防卫能力，还可通过学习建立一些新的应对技能，来主动处理压力情况。以下防卫模式有助于人们避免严重压力反应：

1. 对抗压力源的第一线防卫——身心防卫　生理防卫包括遗传素质、一般身体状况、营养状态、免疫功能等。例如完整的皮肤可以防止体内水分、电解质和其他物质的丢失，健全的免疫系统可以抵御病毒和细菌的侵袭。心理防卫指心理上对压力作出适当反应的过程。人们常常在潜意识的状态下运用一种或多种心理防御机制，以解除情绪冲突、避免焦虑和解决问题。例如当个体听说自己身患癌症时，可能予以否认。这些带有自我欺骗倾向的心理防卫，如果运用适当，则有益于心理成长与发展；如果过度运用或运用不当，将导致不良后果。心理上的防卫能力取决于个体过去的经验、受教育程度、生活方式、社会支持、经济状况、出现焦虑的倾向及性格特征等。

2. 对抗压力源的第二线防卫——自力救助　当一个人面对的压力源较强，而第一线防卫相对较弱时，会出现一些身心应激反应。如果身心反应严重，就必须进行自力救助，以减少疾病的发生。自力救助的内容包括：

（1）**正确对待问题**：首先应进行自我评估、弄清问题来源，然后采取相应的办法改变情境，若不可能改变压力源，至少可以改变自己的感受和反应。例如，临近考试时学生的学习压力太大，可以安排一定的时间进行放松。总之，要及早找出压力源并及时处理，不要否认问题的存在而任其滋长，这对身心健康是很重要的。

（2）**正确对待情绪**：当人们遭受压力后，可表现出焦虑、沮丧、生气或其他情绪。应对这些情绪的方法也是自我评估，尤其要注意发现这些情绪是在什么情况下出现的，有哪些伴随的生理反应，如胃痛、心悸、哭泣、失眠等。当明确了所感受的情绪及伴随的生理反应后，重要的是承认它们，并回想过去经历过的应对方法。例如通过与朋友交谈或适当运用心理防御机制等来处理好自己的情绪。

（3）**利用可能得到的支持**：当一个人经受压力时，一个强有力的社会支持网可以帮助其克服困难。一般而言，社会支持网中的重要成员可以是父母、配偶、子女和好友等，也可以是有关的专业机构。

（4）**减少压力的生理诱因**：良好的身体状况是人们抵抗压力源的侵犯、减少不良反应的基础。因此，应提高人们的保健意识，如注意改善营养状况、控制和减少吸烟等，以加强对抗压力源的第一线防卫。此外，松弛锻炼及一些娱乐活动，如听音乐、读有趣的书等也是帮助人们释放压力的实用方法。

3. 对抗压力源的第三线防卫——专业辅助　当个人面对强度过大的压力，通过上述方法不能减轻压力造成的影响时，容易罹患身心疾病。因此必须及时寻求医护人员的帮助，由医护人员提供有针对性的治疗和护理，如药物治疗、心理治疗等，并给予必要的健康咨询和教育来提高患者的应对能力，以利于身心康复。若个体不能及时获得恰当的专业帮助，则会使病情加重或演变成慢性病，如高血压、胃溃疡等。而这些疾病又可以成为新的压力源，加重患者的负担，并进一步影响患者的身心健康。

（三）适应的概念

适应（adaptation）是指生物体以各种方式调整自己以促进其在特定的环境下生存的一种过程或状态。当适应作为一种过程时，和应对的定义较为相近，适应更强调对"自身"的调整以适应环境；当适应作为一种状态时，是应对的最终目的。个体在遇到任何压力源时，都会试图适应。若个体成功适应,则身心平衡得以维持和恢复;若个体适应不良,就会导致患病。

人类的适应较其他生物更复杂、所涉及的范围更广,适应的层次包括生理适应、心理适应、社会文化适应和技术适应。

1. **生理适应** 是指通过体内生理功能的调整,适应外界环境的变化对机体的需求。生理适应是一种代偿性的适应。例如进行长跑锻炼,开始时会感到肌肉酸痛、心跳加快,但坚持一段时间后,这些感觉就会逐渐消失。这是因为体内的生理功能适应了跑步对机体的需求。另外,适应有时可表现为感觉灵敏度的降低,这是由于固定刺激或持续反应所引起的。例如"入芝兰之室,久而不闻其香"正是此适应的表现。

2. **心理适应** 是指当人们经受心理压力时,通过调整自己的态度、情绪去认识情况和处理问题,以恢复心理上的平衡。一般可运用心理防御机制或学习新的行为(如松弛术)来应对压力源。

3. **社会文化适应** 是指调节个人的行为,以适应社会的法规、习俗及道德观念的要求。文化适应则指调节自己的行为,使之符合特殊文化环境的要求。"入乡随俗"就是一种社会文化的适应。

4. **技术适应** 是指人们在使用文化遗产的基础上创造新的科学工艺和技术,以改变周围环境,控制自然环境中的压力源,如现代网络技术的应用。

二、压力与适应理论的内容

汉斯·塞利认为,压力是机体应对环境刺激而产生的一种紧张性、非特异性反应,这种反应称为全身适应综合征(general adaptation syndrome,GAS)。此种反应涉及身体的各个系统,主要是神经及内分泌系统(图4-3)。

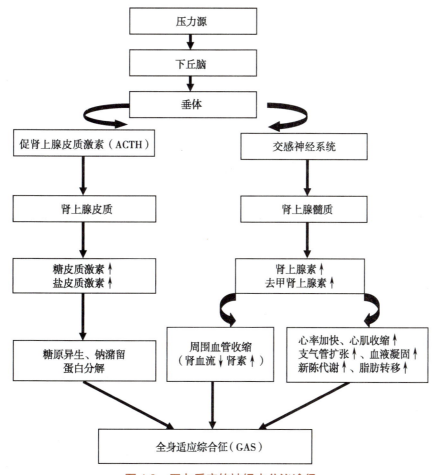

图 4-3　压力反应的神经内分泌途径

全身适应综合征是按照一定的阶段性过程进行的，分为三期。

1. 警戒期 当个体觉察到威胁后很短的时间内，个体就会激活交感神经系统而引起搏斗或逃跑的警戒反应，如肾上腺素分泌增加、血压升高、血糖升高、白细胞数量增加。全身的血液集中供应心、脑、肺和骨骼肌系统等。这些反应的持续时间可以是几分钟到数小时，其目的是唤起体内防御功能以维护内稳态。如果此阶段防御有效，则机体恢复正常的生理活动。多数急性压力源都会在此阶段得到解决，使机体恢复内稳态。如果个体持续地暴露于有害刺激之下，在产生警戒反应之后，机体就会转入第二个反应阶段。

2. 抵抗期 此期以副交感神经兴奋及机体对压力源的适应为特征，机体通过增加合成代谢以满足压力反应所需要的能量，出现血糖含量和血压持续增加、肌肉更加紧绷且难以缓解等生理反应。当个体不能有效地控制外界刺激的作用，需要动员各种身心力量去对抗持续存在的压力源时，个体与压力源即处于抗衡阶段。如果压力源的强度过大，机体的抵抗能力无法克服，则会进入第三个反应阶段。

3. 耗竭期 当压力源强度较大、持续时间较长或出现了新压力源时，个体将进一步消耗能量，并动用更多资源去适应压力源。在此过程中，个体的抵抗力逐渐达到极限，机体也将出现各种身心疾病或严重的功能障碍。

ER 4-7
压力反应的
三个阶段

塞利认为，个体对刺激的适应程度与自身的应对能力、压力源的强度及持续时间有关。机体拥有有限的适应能量，若能量被压力反应所耗竭，个体最终可因能量衰竭而死亡。

塞利主要从生理学角度描述了机体对压力的反应，他认为压力是维持正常生理和心理功能的必要条件，适当的压力有助于提高机体的适应能力；长期的压力作用则会对健康产生消极作用，如削弱心理健康、影响社会功能、引起身心疾病等。塞利认为，"适应"在疾病中起着相当重要的作用，适应不良就能引起疾病。适应不良包含着两种情形：防卫不足与防卫过度。防卫不足可引起严重感染或溃疡等，而防卫过度可致过敏、关节炎、哮喘等。

塞利的"压力与适应理论"对人类健康与疾病关系的研究有重大贡献，但由于当时生物医学模式的局限性，该理论过分侧重压力状态下人的生理反应，而忽视了心理及其他方面的反应。

知识拓展

压力与应对理论

理查德·拉扎勒斯和苏珊·福尔克曼提出了压力与应对理论，该理论最显著的特点就是强调认知因素在压力产生中的作用。在该理论中，压力是指个体与环境相互作用的产物，如果个体认为内外环境刺激超过自身的应对能力及应对资源时就会产生压力。因此，压力是由于内外环境需求与个体应对资源的不匹配破坏了个体的平衡所致。

三、压力与适应理论在护理中的应用

压力可成为众多疾病的原因或诱因，疾病又可成为机体新的压力源。学习压力与适应理论可以帮助护士识别患者的压力源与压力，进而缓解和解除压力；同时，还可帮助护士认识自身的压力源并减轻工作中的压力。

（一）住院患者的常见压力源

1. 陌生的环境 患者对周围环境不熟悉，对饮食不习惯，对作息制度不适应，对负责自己的医生、护士不了解等。

2. 疾病的威胁　患者感受到严重疾病的威胁，如想到可能得了难治或不治之症，或即将手术、可能致残等。

3. 与外界的隔离　患者与家庭分离或与他人隔离，不能与亲友谈心，与病友无共同语言，感到自己不受医护人员的重视等。

4. 信息的缺乏　患者对自己所患疾病的诊断、治疗及护理不清楚，听不懂医护人员说的一些医学词汇，提出的问题得不到答复等。

5. 自尊的丧失　患者因疾病而丧失自理能力，进食、如厕、洗浴、穿衣等都需要别人的协助，并且需要卧床休息，不能按自己意志行事等。

6. 医护人员的影响　护士缺乏观察能力和熟练技术，未能及时发现和处理病情变化；对护理过程中对环境的安排不够妥当，如不够安静、光线过强、温度不适宜等；在护理过程中忽视了言行一致的重要性，以致影响建立相互信任的护患关系，造成护患关系紧张。

（二）协助患者适应压力的护理方法

1. 心理疏导及自我心理保健训练　鼓励患者通过各种方式宣泄内心的感受及痛苦，如用语言、书信、活动等形式宣泄心理压力，与他人讨论有关感受以释放其心理压力。对患者进行自我心理保健的训练和放松训练，如深呼吸训练、渐进性肌肉放松训练等。

2. 调动患者的各种社会支持系统　护士应帮助患者应用可能得到的社会支持系统，以取得如下效果：①提供信息及指导，帮助患者解决问题；②提供心理支持，使患者感到温暖，以维护患者的自尊心和价值感；③提供物质支持，以有形的形式帮助患者；④提供反馈，使患者更加明确所面临的处境。

第四节　成长与发展理论

护理服务贯穿于生命的各个阶段，护士应了解人的生命过程中各个发展阶段的特点及需求，明确不同年龄阶段护理对象的发展特点、行为特征及基本需要，以提供适合护理对象所处生命阶段的整体性护理。成长与发展理论主要研究人生命整个过程中个体身心变化与年龄之间的关系，学习该理论有助于护士掌握不同年龄阶段患者的心理特点、行为特征及基本需要，为患者提供全方位的护理服务。

一、成长与发展概述

（一）概念

1. 成长（growth）　又称生长，指由于细胞增殖而产生的生理方面的改变，表现为各器官、系统体积和形态的改变，是量的变化，可用量化的指标来测量，如身高、体重等。

2. 发展（development）　指生命中有顺序的、可预测的功能改变，是个体随着年龄的增长以及与环境间互动而产生的身心变化过程。发展既是量变，也是质变的过程，主要包括生理发展、认知发展、心理社会发展，表现为细胞、组织、器官功能的成熟和机体能力的成熟等。

3. 成熟（maturation）　指个体生理上的成长与心理、智能充分发展的过程，是成长与发展的结果。狭义的成熟是指生理上的生长发育；广义的成熟还包括心理社会的发展。

（二）成长与发展理论的基本内容

成长与发展是一个整体的概念，对个体成长与发展的评估主要考虑如下几方面的内容：

1. 生理方面　主要包括身体的成长、发育和功能的成熟、发展，如器官体积的增大和功能的完善。

2. 认知方面　主要指大脑的成长、发育和功能的发展，包括感觉、知觉、注意、记忆、思维、语言等。

3. **精神方面**　指人体在成长与发展的过程中产生的生命意义及对生存价值的认识。

4. **情感方面**　指人体在对客观事物的认识过程中判断其是否能满足需要而产生的喜、怒、哀、乐、悲、恐、惊等各种体验和发展。

5. **道德方面**　主要指个体的道德认识、道德情感、道德意志、道德行为等方面的发展。

6. **社会方面**　指个体在与外界其他个体的交往过程中形成的社会态度、社会角色和社会规范等。

（三）成长与发展的规律

人的成长和发展过程非常复杂,受诸多因素的影响,但仍然遵循一定的规律。

1. **可预测性和顺序性**　成长与发展具有一定的规律,按照预期的特定顺序进行。一般遵循由上到下、由近至远、由粗到细、由低级到高级、由简单到复杂的顺序。例如头部发育较早,而肢体发育较晚。

2. **连续性和阶段性**　成长与发展是一个连续的过程,并且具有阶段性。每个人都要经过相同的发展阶段,每个发展阶段都各自具有特点,与一定的年龄相对应。占优势的特征是该阶段的本质特征,也包含前一阶段的成长与发展特征,并为后一阶段打下基础。

3. **不平衡性**　各器官、系统的发育快慢不同、各有先后,具有非直线、非等速的特征。例如,神经系统发育最早;生殖系统先慢后快,至青春期才迅速发育。心理社会发展同样存在不平衡性。

4. **个体差异性**　受遗传、环境、学习等多种因素的影响,个体的成长与发展在遵循一般规律的同时也存在个体差异性。

5. **关键期**　是指在个体成长与发展的过程中,一些行为获得发展最快的某个特定时期。个体在这个时期受到不良因素影响则很容易造成缺陷,甚至造成无法弥补的影响。

（四）影响成长与发展的因素

遗传和环境是影响成长与发展的两个最基本因素。遗传决定成长与发展的潜力,这种潜力又受到环境因素的作用和个体主观能动性的调节,这些共同决定了人体成长与发展的水平。

1. **遗传因素**　基因是影响人类成长与发展的重要因素之一。基因决定了人体发展过程中身体的变化,控制着身体的生物特性。人体的成长与发展受到父母双方遗传因素的影响,表现在身高、体形、肤色及面部特征等生物学特征以及性格、气质和智力等心理社会特征方面。

2. **环境因素**　环境是影响人类成长与发展的另一重要因素,决定发展的速度及最终达到的程度,主要包括:

(1) **孕母状况**:胎儿在子宫内的发育受孕母年龄、营养、健康状态、情绪和生活环境各种因素的影响。

(2) **营养**:充足、合理的营养是生长发育的物质基础,是人体健康成长与发展的重要保证。长期营养不良或营养过剩都会影响人体的成长与发展。

(3) **家庭**:家庭环境对成长与发展起着重要作用。家庭的居住环境、卫生习惯、教养方式、家庭气氛、父母的角色榜样、受教育的机会、有效的健康保健措施以及家庭成员的生活方式等,都会对个体产生深远的影响。

(4) **学校**:是个体接受教育的场所,通过有计划、系统地传授知识,为个体提供将来立足社会所必需的知识、技能与社会规范。个体进入学龄期后,学校成为其社会化的重要场所。

(5) **社会文化**:不同的社会文化环境对人在各个发展阶段所需要完成的任务要求有所不同。不同文化背景下的教育方式、生活习俗及社会事件等,都对人的成长与发展有不同的影响。

3. **个体因素**　在人的成长与发展过程中具有主观能动性的作用,但受到遗传和环境因素的制约。

(1) **健康状况**:个体的健康状况不仅影响体格发育,还会不同程度地影响人体的心智发育,尤其在发展的关键期。疾病、药物等均可影响儿童的成长与发展。

(2) **自我因素**:人的自我意识的形成一般在 2 岁左右,而其独立的行为也在这时开始出现,使个体有能力去选择自己的生活方式，从而不同程度地影响人体的成长与发展。

（3）**其他因素**：如人体内环境、动机及学习过程等也会影响人体的成长与发展。

（五）不同成长与发展阶段的特点

1. 胎儿期　指从卵细胞和精子结合到新生儿出生的时期，约40周。此期生长发育迅速，胎儿的营养完全依赖母体，孕母的健康、营养、情绪、疾病等对胎儿的生长发育有着直接的影响。

2. 新生儿期　指从胎儿娩出到28天的时期。此期胎儿脱离母体开始独立生活，身体内外环境发生巨大变化，而机体的生理调节和适应能力还不够成熟，易出现体温调节方面的异常，也容易发生溶血、感染、硬肿等各种疾病，不仅发病率高，且死亡率也高。

3. 婴儿期　从出生到1周岁之前为婴儿期。此期是儿童生长发育最迅速的时期，需要摄入高热量和营养丰富的食物，尤其是蛋白质的摄入，如得不到满足，容易引起营养缺乏。婴儿的消化吸收功能尚不完善，容易发生消化不良与营养紊乱。

4. 幼儿期　从1周岁到满3周岁之前为幼儿期。此期儿童的智能发育较前增快，语言、思维和待人接物能力增强，能用语言表达自己的感情，心理需求逐渐超过生理需求，自主性增强，常用"不"表示反抗，常以"哭"引起人们的注意，故此期又称为"第一反抗期"。此期儿童识别危险的能力不足，应该注意防范创伤和中毒等意外。

5. 学龄前期　从3周岁至6~7岁入小学之前为学龄前期。此期儿童的体格发育速度减慢，而智能发育逐渐完善，求知欲和模仿性强，容易受环境的影响，具有高度的可逆性。因此，应从小培养儿童良好的道德品质和行为习惯。

6. 学龄期　从入小学开始（6~7岁）至青春期前为学龄期。此期儿童的体格发育稳步增长，除生殖系统外，其他器官都已经发育成熟，依赖性减少，独立生活能力增强。此期儿童的智能发育也较之前更成熟，分析、理解、综合、控制能力增强，是接受科学文化知识的最好时期。

7. 青春期　女孩一般为11~18岁，男孩一般为12~20岁。此期个人差异较大，最主要的特点是生长与发育明显加快，体重、身高增长的幅度加大，第二性征出现。此期的神经内分泌调节不够稳定，容易引起心理、行为、精神方面的变化，情绪不稳定。此外，由于接触社会增多，会遇到不少新问题，受外界环境影响较大，自我意识增强，有自己的主见，逐渐独立，不愿接受父母的意见，故此期又称为"第二反抗期"。此期常由于主观和客观的冲突而发生心理问题。

8. 成年期　一般指20~65岁。进入成年期代表人的完全成熟，即身心发展完成。此期个体在社会立足，建立家庭，养育下一代，所承受的矛盾和压力较大。

9. 老年期　按照WHO的定义，65岁以上为老年人。此期个体在身体、心理与社会适应等方面都面临许多改变与问题，如身体器官的退化、功能的丧失等。

二、成长与发展理论及其在护理中的应用

自19世纪以来，生物学、医学、心理学、社会学等领域的学者从不同的角度对人的发展进行了深入研究，提出了诸多不同取向的发展理论。本节重点介绍弗洛伊德的性心理发展学说、艾瑞克森的心理社会发展理论、皮亚杰的认知发展学说。

（一）弗洛伊德的性心理发展学说

弗洛伊德运用精神分析法观察人的行为，创建了性心理发展学说。他认为人的本能是追求生存、自卫和享乐，其原动力来自性本能，人的本能压抑后会以潜意识的方式表现。其理论包括意识层次、人格结构和人格发展阶段三个方面。意识分为意识、前意识和潜意识；人格由本我、自我和超我组成；人格的发展经历五个阶段，每个阶段的"原欲"会出现在身体的不同部位，如果条件不允许人的欲望得到满足，则会出现人格发展的停滞，产生人格障碍或心理问题。

1. 口欲期（0~1岁左右）　原欲集中于口部，婴儿通过吸吮、吞咽、咀嚼等与口有关的活动获得

快乐和安全感。此期应注意满足婴儿口部的欲望,提供恰当的喂养和爱抚,以带给婴儿快乐、舒适和安全感。

2. 肛欲期(1~3 岁左右) 原欲集中于肛门、直肠,通过排泄所带来的快感和对排泄的控制获得满足感。此期幼儿要接受排泄大小便方面的训练,培养其自我控制的能力,使儿童养成清洁、有序、控制排便的良好习惯。

3. 性蕾期(3~6 岁左右) 原欲集中于尚未发育的生殖器,儿童对男女生殖器的不同感到好奇,对自己的性器官感兴趣,此期儿童能分辨两性,依恋异性父(母),出现恋父(母)情结。此期应引导儿童与同性别的父(母)建立性别认同感,促进孩子性别角色的发展。

4. 潜伏期(6 岁 ~ 青春期) 此期儿童的兴趣转移到外界环境,性欲倾向受到压抑,把精力投入到学习、游戏及各种智力和体育活动中,快感来源主要是对外部世界的体验。此期应为儿童提供各种活动的机会,鼓励儿童从外界环境获得愉快感,认真学习、追求知识和积极锻炼身体,获得人际交往经验,以促进自我发展。

5. 生殖期(青春期以后) 原欲重新回到生殖器,注意力逐渐转向异性,逐渐培养起独立性和自我决策的能力,性心理的发展趋向成熟。此期应为青少年提供为自己作决定的机会,培养青少年的独立性和自立、自强、自我决策能力,正确引导其与异性的交往,建立良好的两性关系和正确的道德观。

(二)艾瑞克森的心理社会发展理论

艾瑞克森根据自己的人生经历及多年从事心理治疗的经验,在弗洛伊德性心理发展学说的基础上,提出了解释整个生命历程的心理社会发展理论。他认为人的发展包括生物的、心理的、社会的三个方面的变化过程,强调人格的发展与影响个人发展的社会动力之间的关系,将人格发展分为八个阶段,每一阶段都有一个心理社会危机需要解决。成功地解决每一个危机,人格便得以顺利发展,如果危机不能被解决就会继续存在,相继累加就会导致人格缺陷或行为异常。

1. 婴儿期(0~1 岁) 危机是信任对不信任,发展任务是通过满足生理需要建立信任感,主要影响人员为母亲。此期应及时满足婴儿的各种需要,促进信任感的形成。除满足其生理需要外,还应提供安全感和爱抚。例如,应经常抱起和抚摸婴儿,患儿在住院时应有父母或熟悉的人在场陪伴。

2. 幼儿期(1~3 岁) 危机是自主对羞愧或疑虑,发展任务是适时地学到最低限度的自我照顾及自我控制能力,获得自信和自主性,主要影响人员为父母。此期应鼓励儿童进行力所能及的活动,为其提供作决定的机会并对其能力表示赞赏。对于需要限制、约束的患儿,应给予解释和抚慰,尽量缩短约束的时间。

3. 学龄前期(3~6 岁) 危机是主动对内疚,发展任务是获得主动感,体验目标的实现,主要影响人员为家庭成员。此期应鼓励和表扬儿童有益的主动行为,鼓励儿童通过游戏来探索世界,学习社会规则,为自己设定目标并努力去实现。为住院患儿提供游戏的机会,满足患儿的合理要求,倾听患儿的感受,及时回答患儿的提问。

4. 学龄期(6~12 岁) 危机为勤奋对自卑,发展任务是获得勤奋感,主要影响人员为父母、老师和同学。此期是养成有规则的社会行为的最佳时期,应鼓励儿童集中精力、勤奋学习、遵守规则,形成勤奋进取的性格,勇于面对困难和挑战。对于住院患儿,应协助其适应医院环境,参与治疗、护理活动,使其体验成就感。

5. 青春期(12~18 岁) 危机为自我认同对角色混乱,发展任务是建立自我认同感,主要影响人员为同龄伙伴、崇拜的偶像。此期应创造机会让青少年参与讨论所关心的问题、谈论自己的感受,对青少年正确的决定和行为给予赞赏和支持。帮助患病青少年维持良好的自我形象,尊重隐私,安排其与同龄病友交流和沟通。

6. 青年期(18~25 岁) 危机为亲密对孤独,发展任务是发展与他人的亲密关系,承担对他人的责任和义务,建立友谊、爱情和婚姻关系,建立亲密感,主要影响人员为同龄异性和朋友。此期护士应协助患者保持与亲友的联系,避免因住院造成孤独感。

7. 成年期(25~65岁) 危机是繁殖对停滞,发展任务是养育下一代,为社会创造物质和精神财富,主要影响人员为配偶和同事。此期护士应充分调动社会支持系统,给予患者更多的感情支持,帮助其调整和尽快适应患者角色,并对其个人成就给予赞扬。

8. 老年期(>65岁) 危机是自我完善对悲观失望,发展任务是建立完善感,主要影响人员为老伴、子女。此期应耐心倾听老人对往事的叙说,帮助患者发掘潜能,鼓励其参加所喜爱的活动、与他人多交往,对其进行心理疏导以避免意外。

(三) 皮亚杰的认知发展学说

皮亚杰通过对儿童行为的观察提出认知发展学说,他认为人体认知的发展就是个体与环境相互作用、相互适应的过程。皮亚杰将认知发展的过程分为四个阶段。

1. 感觉运动期(0~2岁) 婴幼儿通过感觉和运动来认知周围的世界,如吸吮、抓握、观看等。其思考方式为手触为真,认知发展局限在其所接触、感应到的经验范围之内,对空间有初步的概念,开始协调感觉、知觉及动作间的活动。此期护士应提供感觉和运动刺激,促进婴幼儿智力发展,如通过抚触增加触觉刺激、用轻柔悦耳的语言增加听觉刺激等。注意不要让婴幼儿触及危险的物品,输液时注意妥善固定,以免婴幼儿因抓握造成伤害。

2. 前运思期(2~7岁) 儿童的思维发展到使用符号的水平,即开始用语言表达自己的需要。此期儿童进行延迟性模仿、象征性活动,对客体和事件的理解集中在事物的外显特征,具有一定的原始推理能力,但不能进行符合逻辑和理性的思考。此期儿童的思维以自我为中心,认为动植物和其他物体都与自己一样,具有人的属性和生命;对成人制订的规则采取服从的态度。护士应意识到此期儿童以自我为中心的思维特点,尽量从儿童的角度和需求出发进行护理活动。例如通过游戏、玩具等与儿童进行沟通;通过制订适当的规则使儿童能服从病房的规定并配合治疗与护理。

3. 具体运思期(7~11岁) 此期的儿童开始具有逻辑思维的能力,摆脱以自我为中心的思维方式,开始考虑问题的多个方面:在与人相处时,能考虑到他人的需要;具备复杂的时间和空间概念,能理解现在、过去和将来;能按物体的特征进行分类。护士在与儿童沟通时,可采取图片、模型及简短的文字说明等方式,避免使用抽象的词语,并提供适当的机会让儿童进行选择。

4. 形式运思期(11岁起) 此期个体的思维能力发展迅速,从具体思维发展到抽象思维和假设推理,个体开始思考真理、道德等抽象问题。护理患者时,应对治疗和护理过程作出更详尽的解释,列出接纳和不接纳的后果,鼓励其作出合理的选择。应尊重患者的隐私,对患者的想法不要嘲笑或否定。

以上三个人格发展理论从不同的角度划分人格发展的阶段,但都强调每个发展阶段有其特殊的发展任务,成功地完成这些发展任务是顺利通过下一阶段的基础。如果某一阶段的心理冲突不能很好地被解决,则为以后的发展带来困难,最终造成人格发展的缺陷。作为护理工作者,要遵循人体的发展规律,采取合适的方式,让个体能顺利成长和发展并成为社会的有用人才。

第五节　沟通理论

一、概述

(一) 概念

沟通(communication)有狭义和广义之分。狭义的沟通是指以信息符号作为媒介,人与人之间所进行的信息、思想和感情的交流。广义的沟通不仅包含信息、思想和感情的沟通,也包含相互作用个体的全部社会行为，以及采用大众传播媒体进行的沟通。本节所指的沟通是指人与人之间传递信息、思想及感情的过程，该过程是通过语言与非语言行为来完成的，是建立人际关系的基础（图4-4）。

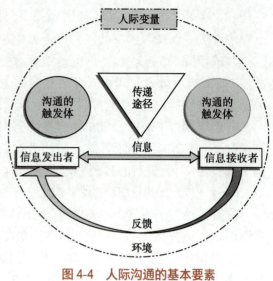

图4-4　人际沟通的基本要素

（二）沟通过程的基本要素

1. 沟通的触发体　指能触发个体进行沟通的所有刺激或理由，包括各种生理、心理、精神或物质环境等因素。

2. 信息发出者（message's sender）　是信息的来源，是将信息编码并进行传递的人。编码是指发出者将观点和情感转换成语言或非语言符号并将其组成信息的认知过程。编码方式受受教育程度、生活背景、价值观、抽象推理能力等因素的影响。信息发出者的表达水平、表达的准确性影响交流的效果。

3. 信息（message）　指信息发出者传达的思想、指令、意见、观点、态度、感情等。信息具有一定的内容及意义，通过语言、面部表情等符号来表示，按照一定的规则来组织。这种有组织并能表达一定内容意义的符号称为代码。

4. 信息接收者（message's receiver）　指接收信息以及将信息解码的人。译码是指接收者理解及感受信息发出者所发出信息的过程。受受教育程度、价值观、抽象推理能力、生活背景的影响，信息接收者对信息可能有不同的理解和诠释，如鲜花对于花农、女士、艺术家的意义是有差异的。

5. 信息的传递途径（message's channel）　指信息由一个人传递到另一个人所通过的渠道，如听觉、视觉、触觉等。信息的传递途径应有助于信息发出者表达的信息更清晰，并且可以通过多种途径传递信息，以便于接收者正确理解信息的内容。例如护士在指导患者进行上肢功能锻炼时，可以将语言讲解与演示相结合。

6. 反馈（feedback）　指信息从信息接收者返回到信息发出者的过程。反馈有利于了解信息是否准确地传递给信息接收者，以及信息的意义是否被信息接收者准确地理解。

7. 人际变量（interpersonal variable）　是影响信息发出者和信息接收者的因素，包括感知、受教育程度、价值观和信念、情绪等。

8. 环境（environment）　是信息发出者和接收者相互作用的场所。沟通的环境应满足参与者对物理或情感上舒适及安全的需求，以促进有效的沟通。

二、沟通理论的内容

（一）沟通交流层次

沟通大致可分为五个层次：一般性沟通、事务性沟通、分享性沟通、情感性沟通、共鸣性沟通。这五种层次的主要差别在于双方在人际交往中的信任程度、参与程度及个人希望与他人分享感觉的程度不同。在不同的情境中，面对不同的对象，应针对沟通的内容选择适合的沟通层次。

1. 一般性沟通（general communication）　是沟通的最低层次，沟通双方仅涉及一些表面的、肤浅的、社会应酬性的话题，不涉及个人的问题。例如"今天天气真好"。

2. 事务性沟通（transactional communication）　是沟通双方仅简单陈述个人的实际情况，不牵扯个人意见、感情，不涉及私人关系。例如"现在伤口很疼"。

3. 分享性沟通（sharing communication）　是沟通双方除了传递信息，还分享个人的观点、判断。分享性沟通建立在一定的信任基础之上，沟通者希望表达自己的观点和判断，并与对方分享来达到相互理解的目的。

4. 情感性沟通（emotional communication） 是沟通双方除了分享对某问题的观点、判断外，还会表达及分享彼此的感觉、情感及愿望。一般在交往时间长、信任程度较高的人之间才会进入该层次沟通。

5. 共鸣性沟通（resonance communication） 是沟通的最高层次，指沟通的双方达到了一种短暂的、一致的感觉。有时不需要任何语言就能完全理解对方的体验和感受以及希望表达的含义。共鸣性沟通是人际沟通的最理想境界，并非所有人际沟通都能达到共鸣性沟通。

（二）沟通交流的方式

沟通交流的方式有许多，但大致可分为两大类，即语言沟通和非语言沟通。

1. 语言沟通（verbal communication） 是使用语言或文字进行的沟通，语言是用来传递信息的实际符号。只有当信息发出者和接收者能够清楚地理解信息的内容，语言才是有效的。为了达到有效的沟通，护士必须选用患者易懂的语言和文字与患者进行沟通交流，并提高语言交流的技巧才能有效与患者沟通，达到预期目的。语言沟通的技巧包括：

（1）词汇：医生、护士在工作中经常会用到医学术语，而在与患者沟通时要根据患者的文化程度选择合适的、患者能理解的词语进行沟通。

（2）**语速**：护士应以适当的语速与患者进行沟通，避免表达太快或太慢。当强调某事时，可以恰当使用停顿以便于患者理解。

（3）**语调和声调**：说话者的语调和声调可以影响信息的含义，从而影响沟通效果。一个简单问题的陈述，凭借语调便可以表达热情、关心和愤怒等情感。情绪因素可以直接影响说话的语调和声调。护士在与患者进行沟通时，应注意自己的语调和声调，同时注意自己的情绪，避免因自己不佳的情绪状态影响语调和声调，对患者造成不必要的心理伤害。

（4）**幽默**：护士恰当地使用幽默有助于患者释放疾病产生的压力和紧张感。但是要注意，幽默的使用应注意情境以及度的把握。

（5）**清晰和简洁**：清晰及简洁的语言有助于信息接收者在短时间内准确地理解所传递的信息。在沟通时，护士可以通过适当放慢语速、发音清晰、重复信息的重要部分、举易于理解的例子使语言清晰，还可以通过使用简单、直接的语句和词语使语言简洁。

（6）**相关性与时间性**：时间的选择在沟通中非常重要，时间选择不当可能阻碍有效的沟通。因此，护士需要恰当地选择与患者交流的时间，通常最佳的交流时间是患者表示出对所沟通的问题有兴趣的时候。当信息与当前情境具有相关性时，沟通会更加有效。

2. 非语言沟通（nonverbal communication） 是通过身体语言而不使用词语传递信息的交流。它可以是伴随语言沟通交流所发生的一些非语言的表达方式和情况。一般认为，非语言沟通交流是一个人真实感情的流露，它包括以下几个方面：

（1）**仪表**：包括个人修饰及着装等，可以影响沟通双方对彼此的感知、第一印象及接受程度。在双方见面时，仪表会首先被对方关注。

（2）**身体姿态与步态**：可以反映一个人的情绪状态、身体健康情况和自我概念等。直立的姿势和快速有目的的步态可以反映一个人有自信并且感觉健康良好；垂头弯腰的姿态和缓慢地拖着脚走表示一个人情绪抑郁、身体不舒服或对周围的事物不感兴趣；向前倾或朝向某个方向表示集中注意力。护士可以通过观察患者的姿势与步态来收集有价值的信息，如疼痛、骨折以及情绪抑郁。

（3）**面部表情**：是指通过面部肌肉的协调运动来表达情感状态或对信息的反应。作为非语言沟通中最丰富的表达，面部表象可以分为八类：感兴趣 - 兴奋、高兴 - 喜欢、惊奇 - 惊讶、伤心 - 痛苦、害怕 - 恐惧、害羞 - 羞辱、轻蔑 - 厌恶、生气 - 愤怒。面部表情是一种共同的语言，来自不同国家、不同文化背景的人群，其面部表情所表达的感受和态度是相似的。信息接收者常常根据对方的面部表情作出判断。面部表情可以展现真实情感,也可以与真实情感相矛盾,有时还可以掩饰某种真实情感。由于面部表情的多样化,其表达出的意思有时很难判断。

(4)**目光的接触**:作为最传神的非语言表现,目光的接触用于表达感情、控制及建立沟通者之间的关系。在交流中保持目光的接触,表示尊重对方并愿意听对方的讲述。缺乏目光的接触则表示焦虑、厌倦、不舒服、缺乏自信心或者有戒备心等。目光接触的水平影响沟通交流的结果,最理想的情况是护士坐在患者的对面并使双方的眼睛在同一水平上,这样既体现护患间平等的关系,也表示出护士对患者的尊重。

(5)**手势**:可以用来强调、加强或澄清语言信息,在表达思想和情感方面起到重要的作用。有时候手势和其他非语言行为结合起来可以代替语言信息。但是手势的应用也应得体,不可过多、重复或呆板。

(6)**触摸**:是一种无声的、有效的沟通方式,可以传递关心、体贴、牵挂、理解、安慰和支持等情感。然而,触摸是非常个体化的行为,对于不同人的表达含义不同。受性别、年龄、社会及文化因素的影响,触摸是一种比较容易被误解的表达方式。因此,在运用触摸时,应考虑到对方的社会及文化背景等因素,审慎地、有选择地使用。

非语言沟通交流和语言沟通交流是相互联系的,非语言信息可以帮助人们判断语言信息的可信度,非语言信息的暗示还可以增加语言信息的含义。

三、沟通理论在护理中的应用

(一) 阻碍沟通的因素

1. **个人因素**　阻碍沟通的个人因素主要包括生理因素、心理因素、文化因素和语言因素。

(1)**生理因素**:沟通者的永久性生理缺陷和暂时性生理不适,如失语、听力障碍、疼痛等,都会影响沟通的有效性。

(2)**心理因素**:沟通者的情绪、个性、态度、认知能力等因素会影响沟通的有效性。

1)情绪:焦虑、烦躁的情绪干扰沟通者传递、接收信息的能力;愤怒、激动的情绪易导致沟通者对某些信息出现过度反应;悲痛、伤感的情绪易导致沟通者对某些信息出现淡漠、迟钝的反应。

2)个性:热情、大方、直爽、开朗、健谈、善解人意的人易于沟通;内向、拘谨、冷漠、固执、孤僻、以自我为中心者较难沟通。

3)态度:诚恳的态度有助于沟通的顺利进行;缺乏实事求是的态度可导致沟通障碍。

4)认知能力:由于个人经历、教育背景、生活环境存在差异,每个人在认知的深度、广度上也存在差异。知识面广、认知水平高、生活经历丰富的人比较容易与他人沟通。

(3)**文化因素**:影响和调节人的行为,包括知识、风俗和价值观等。不同的文化背景容易使沟通双方产生误解,造成沟通障碍。

(4)**语言因素**:沟通者的语音、语法、语义、语构、措辞及语言表达方式会影响沟通的效果。

2. **环境因素**　影响人际沟通的环境因素主要包括噪声、隐秘性、距离等因素。

(1)**噪声**:会分散沟通者的注意力、干扰沟通信息的传递。安静的环境是保证沟通效果的重要条件。

(2)**隐秘性**:当沟通内容涉及个人隐私时,若有其他无关人员在场,将会影响沟通的深度和效果。护患沟通中很可能会涉及患者的隐私,因此,护士在与患者交流时要考虑到环境的隐秘性是否良好,条件允许的话最好选择无人打扰的房间。

(3)**距离**:会影响沟通者的参与程度和沟通过程中的气氛。一般而言,较近的距离容易形成亲密、融洽、合作的气氛;较远的距离容易形成防御、敌对的气氛。在社会交往中,人们无意识或有意识地与他人保持一定的距离,当个人的空间与领地受到限制和威胁时,就会产生防御性反应,影响沟通的有效性。因此，与他人沟通时要根据对方的年龄、性别、人格特征、文化教养以及沟通层次有意识地控制、调节彼此之间的距离。人际交往距离可划分为四种类型：

1）亲密距离：指交流双方相距小于 50cm，适用于亲近的人。当护士为患者查体、需要保持亲密距离时，需要提前告知患者，以避免引起患者的不适。

2）个人距离：指交流双方相距在 0.5~1m。个人距离既能表示良好的护患间帮助关系，又不至于产生某种程度的亲密感，使护患双方都感到自然和舒适，是护患间进行沟通交流的理想距离。

3）社会距离：指交流双方相距在 1.3~4m，适用于业务来往。当护士与同事一起工作时或通知患者做好就餐准备时可采用社会距离。

4）公众距离：指交流双方相距大于 4m，是在公众场所保持的距离，适用于演讲、作报告、讲课等。

3. 沟通技巧因素　在护患沟通的过程中，不恰当的沟通技巧会导致信息传递受阻，甚至发生信息被完全扭曲或沟通无效等情况，从而影响护患关系。在工作中，护士应尽量避免以下沟通问题：

（1）**突然改变话题**：在沟通的过程中，突然改变话题或转移谈话重点，会阻止服务对象讲出有意义的信息。

（2）**主观判断或匆忙下结论**：在沟通的过程中，不顾及患者的感受而作出主观性的判断，对患者的疑问匆忙下结论，或随意指责患者的说话方式，都会使沟通中断。

（3）**作出针对性不强的解释**：当护士的解释针对性不强，会使患者对护士缺乏信任。

（二）掌握恰当的沟通技巧

良好的护患关系是建立在有效的沟通交流的基础上的。护士只有掌握好沟通交流的技巧，才能在与患者的交往中建立良好的护患关系。为使护患沟通顺利进行，护士必须掌握常用的沟通技巧并合理运用。

1. 倾听　是通过听觉、视觉途径接收、吸收和理解患者信息的过程。在倾听的过程中，除了接收说话者所说的语句外，更应注意观察说话者的非语言行为，如语调、面部表情、身体姿势等，这样才能真正理解说话者所要表达的信息，也体现对说话者的尊重。积极有效的倾听有助于激发说话者的谈话欲望，收集更多重要的信息，加深彼此的理解并获得信任。具体的技巧有：

（1）**全神贯注**：应全神贯注地倾听。①与患者保持合适的距离。②让患者有一个放松、舒适的环境和姿势，并注意患者的非语言行为。③保持目光交流。④避免分散注意力的动作。⑤不随意打断患者的谈话或转换话题。⑥将患者的话听完整，不要急于下结论。⑦及时给予反馈，如轻声说"是""嗯"或点头、微笑等。

（2）**核实**：为验证自己对内容的理解是否准确，可采用核实的策略。①复述：将患者所说的话重复一遍。②意述：将患者的话用自己的语言叙述一遍，但要保持原意。③澄清：将一些模糊的、不明确的、不完整的内容弄清楚。④总结：用简明扼要的方式将患者所讲述的话叙述一遍。

（3）**反映**：将部分或全部沟通内容回述给患者，尤其是患者语句中隐含的意义，让患者明确你已理解他的意思，从而保证有效的沟通。

2. 提问　是收集信息和核对信息的重要方式。护士恰当地提出问题，往往能鼓励患者提供更多、更准确的信息，也有助于护患关系的和谐发展。

提问的方式一般有两种，分别为开放式提问和封闭式提问。对开放式提问的回答没有范围限制，患者可根据自己的感受自由回答，护士可以从中了解患者的真实想法和感受。封闭式提问将问题限制在特定的范围内，患者回答问题的选择性很小，通常的回答为"是"或"不是"。提问的技巧有：

（1）**善于组织提问内容**：提问内容应少而精，主题明确，适合患者的理解水平，尽量将医学术语解释清楚。

（2）**注意提问的时机**：一次只问一个问题。在某一问题未能获得明确解释前，过早提问既打断思路又显得没有礼貌，而过迟提问易产生误解。因此，应抓住提问的有利时机，应在双方都充分表达的基础上再提出问题。

（3）**注意提问的语气、语调、语速**：提问时，语气生硬、语调过高、语速过快，容易使对方反感、不愿回答，或者容易使对方心里焦急、不耐烦。

（4）**避免诱导式提问和令患者不愉快的提问**：要注意提问的方式，应避免指明自己意向的诱导式提问和令患者不愉快的、患者不愿提起的问题。

3. **沉默**　在护患沟通中，适当地运用沉默会有意想不到的效果。沉默可以给患者思考的时间，也可以给护士观察患者非语言行为和调整思绪的机会，尤其在患者悲伤、焦虑时，适当的沉默可让患者感觉到护士在认真地听、体会他的心情。

4. **同理他人**　同理是设身处地地、以对方的立场去体会其心境的心理历程，包括两个阶段：

（1）**探察和确认阶段**：识别和确认他人的感受，强调知觉技巧。要求能够根据对方的语言和非语言线索来确认其情绪状态。

（2）**适当的反应阶段**：强调适当的反应。①了解对方发生的事情；②了解对方的心理感受；③愿意听对方继续讲下去；④愿意给予对方安慰和帮助。

5. **自我开放**　指个体在自愿的情形下，将个人真实的内心向他人吐露的历程。可通过自我开放，真诚、坦率地与他人交流沟通，向对方传递信任，展现愿意与对方更深入交往的诚意。例如护士结合自己的经历和生活来进行交谈，或把自己对情境的想法和感受与患者分享，坦诚地面对患者，取得患者的信任。

知识链接

约哈里窗口

约哈里窗口（Johari window）是用于理解自我与他人关系动态变化的一种社会认知理论。人际沟通中的自我认知可以分为四个部分：开放的自我、盲目的自我、隐藏的自我和未知的自我。

开放的自我是自己知道、别人也知道的部分。这部分的大小表示自我暴露的程度。

盲目的自我是自己不知道，而他人知道的部分。

隐藏的自我是自己知道，而他人不知道的部分，如人们刻意隐瞒的动机、想法或已经发生的事实。

未知的自我是指自己不知道，他人也不知道的部分，如并未显露的个人的某些才能。

（李　慧　王庆妍）

思考题

1. 人的基本需要包括几个层次？可以用哪几种方式来满足患者的需要？

2. 对抗压力源包括几线防卫？每一线防卫的内容是什么？

3. 住院患者常见的压力源有哪些？

4. 患者，女，30岁，已婚，因"乳腺癌"于5天前行乳腺癌根治术。手术过程顺利，目前患者生命体征稳定。然而，患者一直情绪低落，经常独自流泪，觉得生活没有意义。

ER 4-8

练习题

请问：

（1）患者现在有哪些需要？其中优势需要是什么？如何满足患者的需要？

（2）患者现在的压力源包括哪些？如何帮助患者适应目前的状态？

第五章 │ 护理理论与模式

ER 5-1

教学课件

ER 5-2

思维导图

学习目标

1. 掌握自理理论的基本概念和主要内容；适应模式的基本概念和主要内容；人文关怀理论在护理中的应用。

2. 熟悉健康系统模式的基本概念和内容；跨文化护理理论的基本概念和内容；自理理论的临床护理应用；适应模式的临床护理应用。

3. 了解健康系统模式的临床护理应用；跨文化护理理论的临床护理应用。

4. 学会应用自理理论、适应模式、健康系统模式、跨文化护理理论、人文关怀理论指导护理日常工作与生活。

5. 树立护理专业理论自信，培养护理科学思维，提升护理人文素养。

情境导入

患者，男，40 岁，3 周前因车祸致"左股骨颈骨折"，遵医嘱行人工半髋关节置换术。术后1 周，护士小王在为患者进行护理时发现患者发热、左髋部有脓性渗出。通过进一步的耐心交谈得知，患者以前身体健康，但饮食不规律，喜欢辛辣食物，爱好喝酒和吸烟。患者入院以来非常焦急，担心疾病预后，夜间易醒，睡眠质量差。

请思考：

1. 患者能否适应目前的状况？

2. 患者的生活方式是否有利于其疾病的康复？

3. 护士应如何帮助患者满足其自理需要？

任何一门学科都有其独特的知识体系作为理论基础，用以指导实践。护理学作为一门年轻的学科，除了应用其他学科的理论与模式，如一般系统理论、需要层次理论、成长与发展理论以及压力与适应理论之外，护理学者一直致力于深入探讨护理的现象和本质，提出了不同的护理理论与模式，初步形成其特有的理论体系，为护理专业的发展奠定了基础，为护理实践、教育、管理和研究提供了科学依据。

第一节 奥瑞姆的自理理论

自理理论（theory of self-care）是由奥瑞姆提出的，该理论主要阐述了什么是自理、个体什么时候需要护理以及如何提供护理以帮助人们提高自理能力，满足其自理需要。奥瑞姆的自理理论已经广泛应用于护理教育、护理实践、护理管理以及护理研究。

一、自理理论的主要内容

奥瑞姆的自理理论主要由三部分组成,即自理理论、自理缺陷理论和护理系统理论。

(一) 自理理论

自理理论着重阐述了什么是自理、人有哪些自理需要以及哪些因素会影响个体的自理能力,包括以下概念:

1. 自理 又称自我护理或自我照顾。自理是个体为了维持生命、健康和功能完好所采取的一系列自发性调节活动。自理是可以通过学习或经他人的帮助、指导而获得的有意识的行为。这一概念是整个自理理论的基础。

2. 自理能力 是指个体进行自理活动或自我照顾的能力。一般情况下,人都有自理能力,但这种能力的大小受个体的年龄、发展水平、生活经历、文化背景、健康状况以及可得到的条件等因素的影响。个体的自理能力可以通过后天的实践和学习得到不断的提高和发展。

3. 基本条件因素 是指反映个体生活状况特征及其生活条件的一些因素。这些因素会影响个体的自理能力,如年龄、性别、生长状态、健康状况、社会文化背景、健康服务系统、家庭系统、生活方式与行为习惯、环境因素以及可利用的资源等。

4. 治疗性自理需要 是指在某一时期内,个体所面临的所有自理需要的总和,包括一般的自理需要、发展的自理需要和健康不佳时的自理需要。

(1) **一般的自理需要**:是指个体为维持自身的结构完整和功能正常的自理需要,在生命周期的各个发展阶段必不可少,是人类生存和繁衍的共同需要。

奥瑞姆认为一般的自理需要包括:①摄入足够的空气、水分和食物。②提供与排泄有关的控制和协调。③维持活动、休息和睡眠的平衡。④维持独处与社会交往的平衡。⑤预防和避免对生命健康的有害因素。⑥努力达到群体所认同的正常状态。

(2) **发展的自理需要**:是指个体在成长与发展过程中所产生的,与发展阶段相适应的特殊的自理需要,或在某些特定状况下的需要。

奥瑞姆认为发展的自理需要包括:①在不同成长与发展阶段的特殊需要,如在新生儿期、婴幼儿期、青春期、更年期等阶段,都有其特殊需要。②在成长与发展过程中特定状况下的需要,如在失学、失业、丧亲等特定状况下,为避免或减少不良后果而产生的需要。

(3) **健康不佳时的自理需要**:是指个体在遭受疾病、损伤、残疾或其他特殊病理变化以及接受治疗时产生的需要。

奥瑞姆认为健康不佳时的自理需要包括:①寻求及时、适当的治疗与护理。②认识、预防、警惕和应对疾病导致的身心反应。③有效地遵从医嘱、接受治疗。④认识、警惕、应对以及调整因治疗和护理带来的不适及不良反应。⑤接受并适应患者角色。⑥学会适应患病状态带来的影响。

(二) 自理缺陷理论

自理缺陷理论(theory of self-care deficit)着重阐述了个体什么时候需要护理。该部分是奥瑞姆自理理论的核心内容。

奥瑞姆认为当各种情况导致了个体的自理能力下降或自理需求增加时,即个体的自理能力不足以满足其治疗性自理需要时,就会出现自理缺陷,也就需要护士提供护理照顾,帮助其满足自理需要,使其尽快恢复健康。当个体出现自理缺陷时,说明需要外界的介入以帮助其保持或恢复自身的平衡,否则平衡将被破坏,出现疾病状态。例如婴儿、老年人、残疾人等,由于生长发育或机体功能的缺失等原因使得其自理能力无法满足自理需求,需要护士提供护理照顾。

(三) 护理系统理论

护理系统理论(theory of nursing system)着重阐述如何通过护理系统提供护理帮助,满足个体的治疗性自理需要。

奥瑞姆根据患者的自理需要和自理能力以及护士提供的帮助将护理系统分为三类，包括全补偿护理系统、部分补偿护理系统和支持－教育护理系统。

1. 全补偿护理系统（wholly compensatory nursing system） 指患者完全没有自理能力，需要护士给予全面的照顾。其适用于：①在神志上和体力上均无法满足自理需要的患者，如昏迷患者、全身麻醉患者。②神志虽然清醒，但在体力上无法满足自理需要的患者，如高位截瘫的患者或医嘱限制其活动的患者。③在体力上虽能满足其自理需求，但存在严重的智力缺陷或精神障碍的患者，如阿尔茨海默病以及精神分裂症患者等。

2. 部分补偿护理系统（partly compensatory nursing system） 指患者有部分自理能力，尚不能完全满足其自理需要，需要护士提供部分护理照顾以弥补其不足，如手术后患者下床活动、如厕等。

3. 支持－教育护理系统（supportive-educative nursing system） 指患者能够满足自理需要，但需要护士提供支持、教育以及指导等服务才能够完成，如乳腺癌术后恢复期进行患肢的功能锻炼、糖尿病患者的胰岛素注射等。

护士应根据以上三种护理系统的适用人群进行合理选择，护理系统的选择并不是固定不变的，针对同一患者，可根据患者自理能力及治疗性自理需求的变化而选择不同的护理系统以提供帮助。针对不同护理系统、护士的职责以及护士与患者的角色行为，奥瑞姆设计了护理系统示意图（图5-1）。

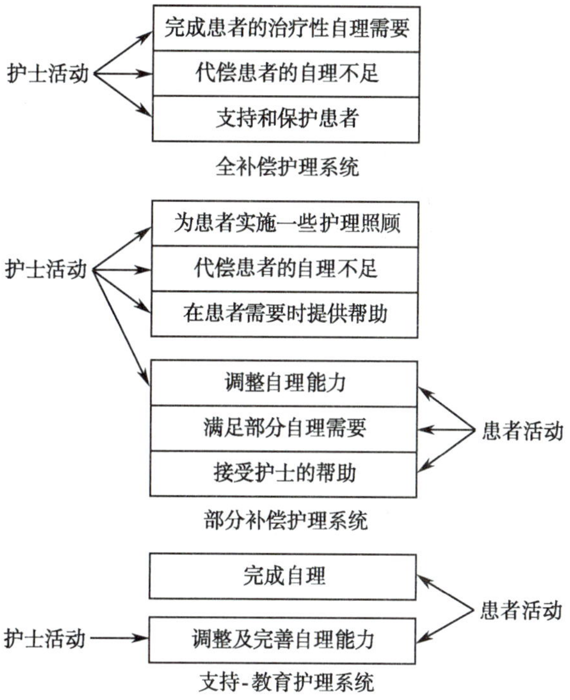

二、自理理论与护理实践

由于奥瑞姆的自理理论通俗易懂、实用性强，因此，它成为目前临床应用最为广泛的护理理论之一，可根据奥瑞姆的自理理论内容框架指导临床护理实践。

（一）评估自理需求，判断自理能力

此阶段护士通过收集资料，了解患者的自理能力和自理需要，从而确定是否存在自理缺陷，以及存在哪些自理缺陷、是否需要提供护理帮助。如通过评估患者的意识状态、生命体征、肢体活动、感知觉、营养状况、排泄情况，以及患者和家属对疾病的认知程度、对治疗和护理的配合程度等判断患者的自理能力、自理需求以及家属有无知识缺乏等。

（二）选择护理系统，实施护理方案

护士通过对前一阶段所收集的资料进行整理、分析和判断，提出可能存在的自理缺陷及其产生的原因，并结合患者的实际情况选择适合的护理系统，制订护理方案并实施。护理方案包括具体护理措施、实施方法、时间及先后顺序、各种设备及其他物品。针对完全没有能力进行自我护理的患者，需要护士提供全面的帮助，包括营养、排泄、个人卫生和安全等，如患者及家属存在知识缺乏，则应根据其接受能力选择适当的方式进行疾病知识的宣传教育，同时做好心理支持；而对于只能部分满足自理需求的患者，则需要护士根据患者的情况协助其满足自理需要，同时加强自理缺陷功能的训练，使其获得一定的知识与技能，逐渐过渡到支持－教育护理系统。当患者有能力，但需要不断学习才能完成自理活动时，护士可以指导患者进行自我照顾、饮食护理、运动、用药以及监

图 5-1 奥瑞姆的护理系统示意图

测病情变化等。

(三) 调整护理计划，满足自理需要

护士根据护理方案提供护理帮助，并随时观察患者的反应；根据患者的自理需要和自理能力，及时调整护理方案，以满足患者的需要。患者的病情处于一个动态变化的过程，其自理能力和自理需求也在不断地变化，同一患者在不同阶段选择的护理系统也应有所不同。例如一急诊脑外伤患者在入院时神志不清，完全不能自理，护士应根据其情况选择完全补偿护理系统，而随着治疗、护理的推进，患者的病情有所好转，护士可以选择部分补偿护理系统或支持-教育护理系统。

ER 5-3 奥瑞姆自理理论中护理系统理论的应用

第二节　罗伊的适应模式

适应模式是卡莉斯塔·罗伊（Callista Roy）提出的。该模式围绕"人是一个整体的适应系统"这一观点出发，着重探讨了人作为一个整体面对环境中的各种刺激的适应层次和适应过程。

ER 5-4 罗伊适应模式的相关案例

一、适应模式的主要内容

罗伊的适应模式是围绕人的适应行为，即人对周围环境中的刺激的适应而组织的。该模式在结构上包括五个部分，即输入、控制过程/应对机制、适应方式、输出和反馈（图5-2）。

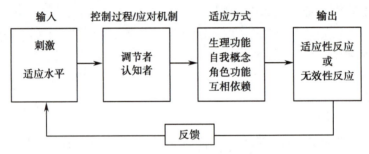

图 5-2　罗伊适应模式的基本结构

（一）输入

个体系统的输入（input）部分由刺激和个体的适应水平构成。

1. 刺激（stimuli）　罗伊认为凡是能够激发个体反应的任何信息、物质或能量单位均为刺激。其中来自外部环境的刺激称为外部刺激，如空气、声音、水源等；来自内部环境的刺激称为内部刺激，如体温、血压、激素水平等。罗伊根据输入刺激的作用方式不同将刺激分为以下三类：

（1）主要刺激：是指当时面对的、对个体的影响程度最大的、需要立即应对的刺激。其可以是生理上的变化，也可以是环境或人际关系的变化等，如患病、住院或丧亲等。

（2）相关刺激：是指对主要刺激引起的行为反应有影响的其他刺激，如性别、生活方式以及文化背景等。相关刺激通常是可以被观察和测量的。

（3）固有刺激：是指原有的、构成本人特征的刺激，如个人的信念、态度、性格等。固有刺激通常是不易被观察和测量的。

2. 适应水平（adaptation level）　是指个体所能承受或应对的刺激的范围和强度。适应水平受个体的发展水平和应对机制的影响。因此，个体的适应水平处于动态变化之中，同时适应水平也有个体差异性，即同一个体的适应水平在不同时期的表现不同，不同个体的适应水平也有所不同。当刺激的数量和强度在个体适应水平的范围内时，系统输出的是适应性反应；当刺激的数量和强度超出个体的适应水平时，系统将输出的是无效反应。

（二）控制过程

控制过程（controlled process）即应对机制，是指个体对外界或内在环境中的刺激的内在应对过程，包括生理调节和认知调节。

1. 生理调节（physiological regulation）　即机体通过神经 - 化学 - 内分泌途径调节、控制机体对刺激产生的反应，是先天获得的应对机制，又称调节者。例如当机体发生细菌感染时，体内白细胞升高、体温升高以对抗细菌入侵等。

2. 认知调节（cognitive regulation）　即机体通过大脑的皮层接收信息、学习、判断和对情感变化等复杂过程进行调节，是后天习得的应对机制，又称认知者。例如心绞痛发作时，患者服用硝酸甘油以缓解病情等。

（三）适应方式

适应方式（adaptive mode）即机体通过生理调节和认知调节对刺激作出的适应活动和表现形式，又称效应者，包括以下 4 个方面：

1. 生理功能（physiological function）　是指与人的生理需要相关的适应方式类型，包括氧气、水、营养、排泄、休息以及活动等。其目的是保持个体生理的完整性。

2. 自我概念（self-concept）　是指个体在特定时期对自己的感觉、评价和信念，包括躯体自我和人格自我。躯体自我是个体对自己躯体的感知与评价；人格自我是个体对自己的智力、能力、性情、伦理道德、社会地位等方面的感知与评价。其目的是维持个体在心理上、精神上的完整性。

3. 角色功能（role function）　是指个体在特定场合履行所承担的角色以及满足社会对其角色期待的情况。人的角色分为主要角色、次要角色及临时角色，其中主要角色是一个人行为方式的决定因素，次要角色是一个人的社会功能的体现，而临时角色是由人的业余生活或暂时性的一些活动所取得的。其目的是维持个体的心理社会的完整性。

4. 相互依赖（interdependence）　是指个体与其重要关系人或支持系统间的相互关系，反映人的社交与人际交往能力。其目的是保持个体社会功能的完整性。

（四）输出

个体通过各种应对机制，对刺激进行调节与控制，产生输出（output）部分。其结果分为适应性反应和无效性反应两种形式。

1. 适应性反应（adaptive reaction）　是指个体能够适应刺激并维持自我的完整统一。

2. 无效性反应（invalid reaction）　是指个体不能适应刺激，自我的完整性受到破坏。

（五）反馈

当输出的结果是适应性反应时，可促进个体的完整性，并使个体得以生存、成长、繁衍、主宰及自我实现。无效性反应则不能达到这些目标，容易导致疾病，从而进一步影响个体的适应水平。因此，促进、恢复和维持健康可以提高个体的适应水平，促进个体的适应性反应，减少或消除无效性反应。

二、适应模式与护理实践

根据罗伊的适应模式，可将护理工作分为以下几个步骤：

（一）判断行为反应

护士通过收集资料，即生理功能、自我概念、角色功能及相互依赖四个方面的行为反应，分析个体能否保持自身的完整性，由此判断个体的输出行为是否为适应性反应，是否有利于健康，是否需要护士提供帮助等。无效性反应的主要表现为：

1. 生理功能方面　包括缺氧、呼吸困难、营养不良、腹泻、便秘、尿失禁、发热、心律失常、疼痛、压力性损伤、血压过高、电解质紊乱等。

2. 自我概念方面　包括自卑、自责、自我形象紊乱等。

3. 角色功能方面　包括角色不一致、角色冲突等。

4. 相互依赖方面　包括孤独、分离性焦虑等。

（二）识别刺激因素

护士通过对资料的整理，分析影响个体行为反应的主要刺激、相关刺激和固有刺激，从而识别个体产生无效反应的原因。

1. 主要刺激　即对个体健康影响最大的刺激因素，应排在优先位置。如外伤、手术、病理改变等，都可以成为主要刺激。因此，主要刺激可以是生理方面的，也可以是心理社会方面的；可以来自身体内部，也可以来自身体外部。

2. 相关刺激　即对主要刺激所引起的行为有影响的刺激。

3. 固有刺激　即可能对主要刺激的作用有影响的不确定因素。例如个体的性格、嗜好、态度及既往患病经历等可能对目前的疾病产生影响。

（三）制订目标行为

在尊重患者及家属权益的基础上，与其共同制订目标，确定个体将达到的行为结果，维持和促进适应性反应，减少或消除无效性反应。根据具体情况，目标可以是短期目标，也可以是长期目标。例如"患者在休息30分钟后，胸痛消失"为短期目标。

（四）落实干预措施

通过应用各种应对机制或调节个体的适应水平以提高其适应能力，使得各种刺激控制在个体的应对范围之内，从而实现目标。一般情况下，应先控制主要刺激，然后再控制相关刺激。例如针对压力性损伤患者，应采取定期变换体位、按摩周围组织等措施，以减少局部组织受压造成的血液循环障碍的主要刺激，同时应通过饮食或静脉高营养来改善全身的营养状况，并根据压力性损伤的程度进行局部对症治疗，如红外线或紫外线照射、创面消毒或局部坏死组织的清创等。

（五）评价行为结果

将干预后个体的行为反应与目标行为进行比较，以确定目标是否实现，并根据实际情况调整干预方案。如果目标已经达到，护士可根据患者的情况制订新的方案；如果目标没有达到，护士应根据资料重新做相应的调整，直到目标实现。

第三节　纽曼的健康系统模式

健康系统模式是由贝蒂·纽曼（Betty Neuman）提出的。该模式是用整体观、系统观探讨压力对个体的影响，以及个体的调节反应和重建平衡能力的护理理论。

一、健康系统模式的主要内容

健康系统模式是一个以开放系统为基础构建的护理模式，重点叙述4个方面的内容，即与环境互动的人、应激源、个体面对应激源作出的反应以及对应激源的预防（图5-3）。主要论述应激源对人的作用以及如何帮助人应对应激源，以发展和维护个体最佳的健康状态。

（一）人

纽曼的健康系统模式认为人是一个不断与环境互动的开放系统，称为服务对象系统（client system）或个体系统。这一系统是由生理、心理、社会文化、发展、精神5个变量组成的复合体，这些变量相互作用，共同影响着个体的健康或疾病状态。这一系统可以是一个人，也可以是家庭、群体或社区。这一系统的结构可以用围绕一个核心的一系列同心圆来表示。

1. 基本结构　纽曼认为所有生命体都有一些共同的特征，其核心部分称为基本结构（basic structure）

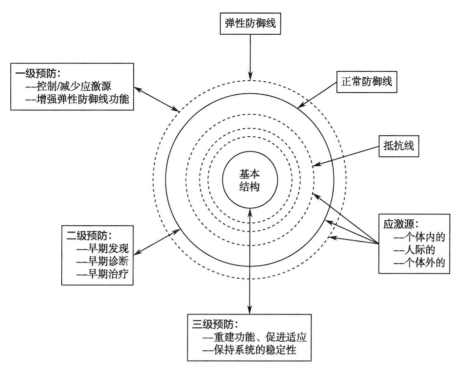

图 5-3 纽曼的健康系统模式示意图

或能量源,由人类生存的基本要素组成,包括解剖结构、生理功能、基因类型、认知能力等。基本结构一旦遭到破坏,个体便处于危险状态。

2.**抵抗线** 在纽曼的健康系统模式图中,围绕基本结构外围的若干虚线圈称为抵抗线(lines of resistance),由一系列的抵抗因素构成,其功能在于维护基本结构的稳定和恢复正常的防御线,以保证机体内外环境的协调与平衡。当外界应激源侵入正常防御线时,抵抗线就会被激活,以促使个体恢复到正常防御线的水平。一旦抵抗线被侵入,个体的基本结构就会遭到破坏,能量就会逐渐被耗竭甚至死亡。

3.**正常防御线** 位于抵抗线外围的一层实线圈即为正常防御线(normal line of defense),是个体对内外环境刺激的正常、稳定的反应范围。其功能在于不断调整个体自身的情况以应对和适应环境中的各种应激源,从而衡量个体的稳定程度和健康水平。当个体的弹性防御线不足以抵抗应激源入侵时,机体就会产生应激反应,表现为健康水平下降或出现疾病状态。

4.**弹性防御线**(flexible line of defense) 又称动态防御线,是位于正常防御线外围的虚线,是个体系统的保护性缓冲系统,其功能在于防止外界应激源的入侵,保护正常防御线,使个体免受应激反应的影响。弹性防御线与正常防御线的间距越远,表示其缓冲作用越强。同时,弹性防御线也受到个体生长发育、身心状态、社会文化等因素的影响。

个体系统的防御机制既有先天赋予的,又有后天习得的,其效能取决于个体系统的生理、心理、社会文化、发展及精神 5 个变量的相互作用。其中,弹性防御线保护正常防御线,抵抗线保护基本结构。因此,当个体遭遇应激源时,首先被激活的是弹性防御线,当弹性防御线抵抗无效时,正常防御线受到侵犯,机体就会出现应激反应。同时,抵抗线也被激活,如果抵抗有效,则个体可恢复健康状态;如果抵抗无效,则个体的健康受到威胁。

(二)应激源

应激源(stressor)又称压力源,是指能够使个体产生紧张及对个体内环境的稳定和平衡造成威胁的所有刺激。应激源可以来自个体内部,也可以来自外部环境。纽曼将应激源分为以下 3 种:

1. **个体内应激源** 指来自个体内、与个体内环境有关的生理、心理、社会文化、成长、发展等方面的应激源，如疼痛、失眠、形象紊乱、孤独等。

2. **人际应激源** 指来自两个或多个个体之间，在近距离内作用的应激源，如护患冲突、同事关系紧张、人际沟通障碍等。

3. **个体外应激源** 指来自个体系统之外、作用距离比人际应激源更远的应激源，如大气污染等。

（三）反应

反应是指个体面对应激源时所作出的反应，包括生理反应、心理反应、社会文化反应以及精神与发展等方面的综合反应。应激反应的强度取决于应激源的性质、数量、持续时间，同时也受个体应对资源、应对方式以及既往经验等的影响。

（四）预防

护理的主要功能在于控制应激源和增强人体的各种防御机制，以保持个体系统的平衡与稳定。纽曼提出了三种不同水平的预防措施。

1. **一级预防**（primary prevention） 指个体系统在应激反应产生之前就进行干预。其目的在于控制和减少应激源以及加强弹性防御线的功能，即通过识别环境中的应激源、危险因素，采取干预措施，减少或消除危险因素，保护正常防御线，避免发生应激反应或降低反应强度。

2. **二级预防**（secondary prevention） 指在应激源穿过正常防御线导致机体发生应激反应时进行的干预。其目的在于加强内部抵抗线，保护基本结构，即通过早发现、早诊断、早治疗，控制和降低应激反应的强度，促进个体系统稳定性的恢复。

3. **三级预防**（tertiary prevention） 指在基本结构遭到破坏时进行的干预。其目的在于帮助患者恢复及重建功能，防止应激源的进一步损害，即通过健康教育以及充分利用个体的内外资源，维持个体系统的稳定性，防止复发。

ER 5-5
纽曼的健康
系统模式
相关案例

二、健康系统模式与护理实践

纽曼的健康系统模式已在临床护理、护理教育及护理管理等方面得到了广泛的应用。应用该模式指导护理工作包括以下步骤：

（一）收集个体系统资料

个体系统资料包括个体系统的基本结构及各防御线的现状及特征，各种应激源以及应激反应（表5-1）。

表 5-1 纽曼评估表

评估项目	具体内容
A. 一般资料	1. 姓名 2. 年龄 3. 性别 4. 婚姻状况 5. 其他相关资料与信息
B. 个体感知到的应激源	1. 您认为目前您最主要的应激源或健康问题是什么？ 2. 您目前的状况与以往的日常生活方式有何不同？ 3. 您以前是否遇到过类似的情境？如果遇到过，是怎样的情境？您是如何处理的？是否有效？ 4. 根据您目前的状况，您预期将来会怎样？ 5. 您目前采取了哪些措施，或您能采取哪些措施来帮助自己？ 6. 您期望照顾者、家人、朋友或其他人为您做些什么？

评估项目	具体内容
C. 照顾者感知到的应激源	1. 您认为患者目前最主要的应激源或健康问题是什么？ 2. 患者目前的状况与他以往的日常生活方式有何不同？ 3. 患者以前是否遇到过类似的情境？如果遇到过,是怎样的情境？患者是如何处理的？是否有效？ 4. 根据患者目前的状况,您对他将来的期望是什么？ 5. 您认为患者能做什么帮助自己？ 6. 您认为患者期望照顾者、家人、朋友或其他人为他做些什么？
D. 个体内部因素	1. 生理方面　如活动度、身体功能等 2. 心理社会方面　如态度、价值观、期望、行为形态、应对方式等 3. 发展方面　如年龄、认知发展程度等 4. 精神方面　如信仰、人生观、希望等
E. 人际因素	可能或已经对个体内部因素造成影响的有关家庭、朋友、照顾者之间的关系和资源
F. 个体外部因素	可能或已经对个体内部因素造成影响的有关社区设施、经济状况、工作状况等的因素

(二) 制订并实施干预措施

以一级预防、二级预防和三级预防作为干预措施,通过控制应激源、减轻应激反应、增强个体防御功能,个体系统维持平衡与稳定(表 5-2)。

表 5-2　纽曼的三级预防

三级预防	分析与干预措施
A. 一级预防	1. 应激源　隐蔽的或潜在的应激源 2. 应激反应　尚无具体表现,是根据目前的健康状况预估或假设可能出现的 3. 目的　维持和促进个体的稳定性和完整性 4. 干预　避免接触应激源;进行对应激源的脱敏治疗;强化个体的弹性防御线;增强个体的抵抗因素;提供教育;鼓励个体积极应对
B. 二级预防	1. 应激源　现存的、明显的、已知的应激源 2. 应激反应　有明确的症状 3. 目的　恢复个体的稳定性、完整性 4. 干预　根据健康改变的程度列出护理诊断,排列优先顺序;识别个体在应对方面的有利和不利的方面;针对不适应的症状进行控制,如减少噪声等以支持各种有利于健康的因素,减少不利于健康的因素;提供一级预防措施等
C. 三级预防	1. 应激源　明显的、残余的应激源 2. 应激反应　可能的或已知的遗留症状 3. 目的　巩固个体二级预防的效果,使其获得并维持尽可能高的健康水平 4. 干预　制订渐进目标并对个体迈向更高的健康水平提供支持;激励;教育—再教育;行为矫正;现实定位;合理利用内外部资源;提供一、二级预防措施等

(三) 评价护理效果、修订干预计划

对结果进行评价,判断护理效果。如未达到预期目标,则应再收集资料、修订和调整干预计划。

1. 评价护理效果　①个体内、人际及个体外的应激源及顺序是否改变。②个体系统的防御功能是否增强。③个体的应激反应是否缓解等。

2. 修订干预计划　根据表 5-1 重新收集资料,并对干预措施进行相应的调整,以利于目标的实现。

第四节　莱宁格的跨文化护理理论

莱宁格是跨文化护理理论的创立者。莱宁格认为护理的本质是文化关怀，关怀是护理的中心思想，是护理活动的原动力。为患者提供符合其文化背景的文化关怀是护士的职责之一。

一、跨文化护理理论的主要内容

跨文化护理理论的重点是"文化"，护理的核心是"文化关怀"。跨文化护理可以帮助护士全面评估服务对象的宗教、种族、职业、社会地位等文化因素，指导其为不同文化背景下的个体、家庭、群体和社区提供护理关怀。

（一）基本概念

跨文化护理理论的主要概念有文化、关怀、文化关怀和跨文化护理。

1. 文化（culture）　指不同个体、群体或机构通过学习、共享和传播等方式形成并世代相传的模式化的生活方式、价值观、信仰、行为标准、个性特征以及实践活动的总称。

2. 关怀（care）　又称为照护，指对那些有明确需求的个体或群体提供支持性的、有效的和方便的帮助，从而改善其生存状态和生活方式，使其能更好地面对伤残或平静地面对死亡的一系列行为和活动。

3. 文化关怀（cultural care）　指用一些符合文化、可被接受或认可的价值观、信念以及定势的表达方法，为自己或他人提供与文化背景相适应的综合性的帮助和支持，开展促进性的关怀行为。文化关怀具有统一性和多样性的特点。

（1）**统一性**：又称为文化关怀的共同性，是指在不同的文化背景下，人们在关怀的意义、价值以及关怀方式等方面具有共同性或相似性。

（2）**多样性**：又称为文化关怀的差异性，是指在同一文化内部或不同文化之间、群体内部或群体之间以及个体之间，在关怀的意义、定势、价值以及关怀方式等方面的差异，表现为多样性。

4. 跨文化护理（transcultural nursing）　莱宁格认为，应根据患者的文化背景向其提供多层次、高水平和全方位的护理关怀，以利于其疾病的康复。跨文化护理关怀包括以下方式：

（1）**文化关怀保存**：又称为文化关怀维持，是指在帮助某一特定文化背景下的患者保持或维持其健康、促进疾病康复或面对死亡时而采取的帮助性、支持性或促进康复的专业行为和手段。例如针对一位自信心很强的糖尿病患者，帮助其坚持日常的活动锻炼，鼓励其继续保持自强、自信的心理状态，以利于疾病的康复。

（2）**文化关怀调适**：又称为文化关怀调整，是指帮助某一特定文化背景下的患者调整、适应不同的文化，以利于其健康而采取的帮助性、支持性或促进康复的专业行为和手段。例如针对一位高血压患者，护士应与其协商，帮助其调整既往不健康的饮食结构，建议其低盐、低脂饮食，以利于疾病的康复。

（3）**文化关怀重建**：又称为文化关怀重塑，是指帮助某一特定文化背景下的患者改变其生活方式，重塑新的、不同的生活形态，以利于其健康而采取的帮助性、支持性或促进康复的专业行为和手段。例如对于丧失一侧肢体的患者而言，帮助其使用单侧肢体完成日常基本生活的锻炼尤为重要。

（4）**与文化相匹配的护理关怀**：又称为与文化相一致的护理关怀，是指以文化和健康知识为基础，提供适合患者生活方式和满足患者需求的护理关怀，使其保持健康，更好地应对疾病、残疾或死亡。

（二）日出模式

莱宁格用"日出模式"形象地呈现了跨文化护理理论的基本概念以及各概念之间的相互联系（图5-4），以帮助护士研究和理解该理论的组成部分在不同文化中如何影响个体、家庭、群体及社区的健康状况，以及如何运用该理论实施护理关怀。莱宁格将"日出模式"分为4级，即4个层次。

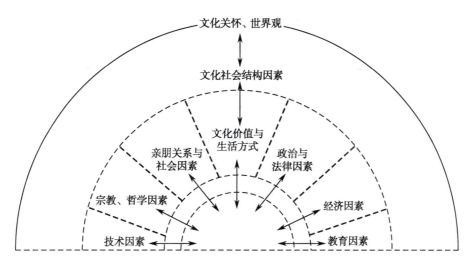

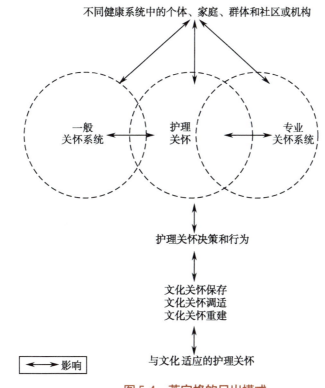

┌─────────────┐
│ ◄────► 影响 │
└─────────────┘

图 5-4　莱宁格的日出模式

1. **第一层——世界观和文化社会结构层**　或称为超系统，描述文化关怀、世界观、文化社会结构及其组成因素。世界观是人们对整个世界的总体看法和基本观点。文化社会结构是特定文化的构成因素，包括宗教、技术、亲朋关系、价值观、生活方式、政治、法律、经济、教育等。文化关怀的概念、内涵、状况以及世界观是文化社会结构的基础，共同影响护理关怀的表达方式，是护士提供与文化相适应的护理关怀的基础。

2. **第二层——文化关怀与健康层**　显示不同文化背景下的文化关怀形态以及表达方式，解释个体、家庭、群体和社区的健康、疾病或死亡的文化社会结构。不同文化对健康赋予了不同的含义，第一层的文化社会结构的各种因素均影响和制约其关怀形态。因此，提供与文化相适应的护理关怀，建立、促进或维持与文化相适应的健康，才是真正意义上的健康。

3. **第三层——健康系统层**　包括一般关怀系统和专业关怀系统，阐述了每个健康系统的特征、关怀特色及其相互影响。一般关怀是指传承于文化内部的，通过模仿、学习传统的、民间的和固有的，可以由非专业人士提供的文化关怀知识与技能。专业关怀是指源于特定文化之外的，通过规范学习获得的，由专业人员提供的文化关怀知识与技能。二者之间相互影响，相辅相成，有利于护理关怀的实施。

4. 第四层——护理关怀决策和行为层 揭示了护理关怀的决策和行为，通过文化关怀的保存、文化关怀的调适以及文化关怀的重建表现其决策和行为。其中对有益于健康的文化实施维持文化的护理关怀；对于部分与健康不协调的文化采取调整、适应文化的护理关怀；对于与现有健康状况相冲突的文化需要改变、重塑有利于健康的护理文化关怀。

莱宁格跨文化理论相关案例

二、跨文化护理理论与护理实践

将莱宁格的"日出模式"应用到临床护理工作中，可帮助护士研究和理解不同文化背景如何影响个体、家庭、群体和社区的健康并指导临床护理实践。

（一）收集与文化有关的资料

根据需要收集"日出模式"的第一层、第二层和第三层资料，即：

1. 患者所属文化、社会结构和世界观

（1）患者的语言、环境背景、宗教信仰、亲朋关系、文化价值观、政治与法律因素、经济情况、教育背景等。

（2）上述因素对患者健康和关怀表达形态与实践方式的影响。

2. 患者的健康状况及对关怀的理解、期望以及关怀的方式 即患者的具体情况，以及患者对一般关怀和专业关怀的期望和采取的行动。

3. 患者关怀系统 包括患者的一般关怀系统和专业关怀系统。

（二）识别文化及文化关怀的共性及差异

识别患者所处文化和其他文化在关怀方面的共同点和不同点，并找出其中不能达到患者文化期望的方面。如患者的生活方式以及教育背景是否有利于健康的恢复，在文化及文化关怀方面是否能满足患者的关怀需要，如存在差异，则需要提供与患者文化一致的护理关怀。

（三）护理关怀决策与行动

根据患者的文化背景，选择适合的、患者在文化上能够接受的护理关怀决策，最大限度地满足其健康需求，即采用三种不同的文化照护模式——文化关怀保存、文化关怀调适和文化关怀重建，提供与患者文化一致的护理关怀。其中对于与健康状况不相冲突的，甚至有利于健康的文化成分应鼓励患者继续保持；对于与健康状况部分不协调的文化成分，应调整其不利方面、取其有利方面，使其适应健康的需要；对于与健康状况相冲突的文化成分，应改变其不良的文化习惯，重新塑造新的、有利于健康的文化。

第五节　人文关怀理论

美国护理学家华生提出了人文关怀理论。该理论主要阐述了人文关怀是护理的本质与核心，关怀是护理专业最有价值的特征，护理的核心是指导护患关系的形成而不是护理实践的任务和程序。护理人文关怀的实质是一种充满爱心的人际互动，其目的是帮助患者达到生理、精神、心理以及社会文化的健康。人文关怀理论中的人际关怀治愈的关系表达了在提供关怀治愈的过程中护士对患者内心世界的关心，从而使护理成为护士与患者在精神层面的一种联系。建立真正的护患信任关系，为深层次人的整体治愈创造了潜在的可能。

一、人文关怀理论的主要内容

华生的人文关怀理论主要由十个要素构成,每个要素都具有与互动性护患关系相关的动态现象成分。其中前三个相互独立的概念被华生称为"人文关怀的哲学基础"。

1. 形成人道主义－利他主义的价值系统 指通过给予和扩展达到自我满足。护士通过对自我价值观、信念、文化互动以及个人成长经历的反省,得以发展其人文关怀理念。这是护士自我成熟的必要条件,可促进其利他行为的形成。

2. 建立信念和希望 该要素对照护性过程和治疗性过程非常重要。护士在护理实践中提高患者的信心与希望,协助患者寻求健康行为,正向鼓励、支持患者并建立有效的护患之间的信任关系,以达到目标。

3. 培养对自我和他人的敏感性 护士通过自我价值观、信念的建立,以达到自我实现的目标,这对护士是很重要的。护士可以表达自己的感情,以便更好地帮助患者表达感情,并为患者寻找内在的致病因素,帮助其解决问题,促进健康。

4. 建立帮助－信任的关系 建立良好的人际关系和护患关系,此关系包括一致性(congruence)和移情(empathy)。一致性是指护士与患者之间平等互助的关系,双方为了患者的健康可以达成一致性。移情(同理心)即护士站在患者的角度处理问题,关心患者的内在感受,维护患者作为人的尊严和行为。通过交流和有效沟通等技巧建立良好的护患关系。

5. 促进并接受正性和负性情感的表达 正向积极的感受能促进健康,负向消极的感受则可导致疾病。护士应促进和接受患者表达正向和负向的感受,理解患者的痛苦经历,使患者感受到关心。

6. 在决策中系统地应用科学方法解决问题 护士将科学解决问题的原则和理念运用于护理过程中,以作出最好的护理决策,帮助患者恢复自理能力,促进健康。

7. 促进人际的教与学 通过健康教育增进患者的知识,给予患者正确的指导,培养患者的自我照顾能力,满足患者的个人需要,以达到患者自我内在平衡的目的。

8. 提供支持性、保护性及矫正性的生理、心理、社会文化和精神的环境 护士应该认识到内、外环境对个体健康和疾病的影响,理解患者的心理、精神状态和社会文化背景,为患者提供舒适、安静、清洁及有隐私性的外环境,以支持、保护患者的身心健康。

9. 帮助满足人性需要 护士和患者都有生理、心理等需要,低层次的需要得到满足后才能达到高层次需要的满足,护士应该帮助患者满足各种层次的需要。

10. 允许存在主义、现象学的影响 护士运用现象学方法评估患者的生活经历,了解患者对健康、疾病和生活方式的观点,可以使护士更容易了解自己和他人,为患者提供有效的专业服务。

华生的人文
关怀理论
相关案例

二、人文关怀理论与护理实践

人文关怀理论这种以患者为中心的护理模式已逐渐应用于临床护理实践中,并取得了良好的护理效果。

(一) 营造人文关怀氛围,转变服务理念

护士的人文关怀品质包含人文关怀理念、人文关怀知识、人文关怀能力和人文关怀感知四个维度。

1. 加强人文关怀知识的学习,强化人文关怀意识 加强学习,进一步理解人文关怀的内涵。开设人文关怀理论的课程,定期举办人文关怀理论新知识、新进展的讲座并进行综合讨论与分析,提高护士的认知和应用能力,并逐步培养护士的人文关怀意识。

(1)人文关怀的内涵是人性照护(或称关怀照护),是科学性和人文性的统一。人文关怀就是关

注人、关心人、重视人的个性，满足人的需求和尊重人的权利。人文关怀的内容包括精神文化、制度文化、行为文化和环境文化。其中，行为文化、环境文化是将抽象的护理理念以外在的形式表现出来，创建浓厚的文化氛围；制度文化是统一护士的服务理念、仪表、修饰、行为和服务的规范标准；精神文化是指护士共同的基本信念、价值标准、职业道德规范及精神面貌。"人文精神"就是一种以人为中心，对人的生存意义、人的价值以及人的自由和发展进行珍视和关注的思想。

（2）人文关怀行为包括操作性行为与表达性行为。其中，操作性行为是指提供实际的服务，满足患者基本生活、舒适的需求，减少患者痛苦的行为。表达性行为是指提供一种真诚且具有希望、同情心并使人感到温暖的情绪上的支持性行为。因此，临床护士的人文关怀行为可以提高患者的满意度、幸福感。

（3）护理关怀行为。①奉献自我：护士在护理服务中全神贯注地投入，以满足患者的需求；微笑服务、态度亲切，有耐心、热情关怀。②充分运用沟通技巧：善用幽默、触摸、倾听、引导、陪伴、安慰、解说、移情、鼓励，以缓解或解除患者的心理不适（哀伤、害怕、忧郁），引导患者说出忧郁、痛苦和烦恼，详细表达情绪，以减轻其内心的孤独、增添患者的信心与希望。③适时满足患者身体舒适与安全、心理、社会、精神方面的需求，进行健康教育。

2. 提升护士人文关怀感知，增强人文关怀能力 临床护士对于关怀行为的总体认识是较为正向的，关怀能力与职业倦怠成负相关。华生认为人文关怀是护理的一种道德观念，是一种人际的治疗过程，以促进人类健康，维护人类尊严。因此，护士必须有人文科学的认知，给予患者人性化的护理。

（二）改善护理服务环境，注重护患沟通

1. 主动热情介绍，消除环境陌生感 做到"五主动"，即主动介绍、主动宣传、主动沟通、主动答疑、主动进行健康教育。主动为患者介绍医院的环境、设施以及相关的规章制度，加强护患沟通，营造良好的护患关系，帮助患者尽快适应医院的陌生环境，消除其紧张、焦虑、恐惧的心理。

2. 根据患者及病情特点，营造温馨病室环境 室内保持适宜的温湿度，可以摆放花篮，地面、门窗、桌椅清洁，被褥干净、整洁。例如儿科主要根据儿童的心理特点布置病区环境，病区的装饰色彩丰富，使病区气氛活泼、充满童趣等。

（三）树立护士良好形象，实施人性化管理

1. 优化护士形象，规范护理服务 护士仪表整洁、态度亲切、举止大方、服务周到，做到"六规范"，即迎接患者规范、文明用语规范、礼仪着装规范、称呼患者规范、征询意见规范、送别出院规范。患者入院后，护士亲自到患者床边进行访谈，从访谈中获取与患者有关的各种信息，以便指导和安排护理工作，让护士服务于患者开口之前，使患者有安全感。患者住院期间，如果遇到节日或纪念日，医护人员可为患者送上多种形式的祝福，为患者提供更多有形的物质支持和无形的情感心理支持，让患者有居家的感觉。患者出院后一周内，护士对患者进行电话回访，回访内容包括生活、饮食、服药、健康状况等，将温馨服务延伸到家庭，体现了"人道主义 - 利他主义价值体系"。

2. 提供家庭式护理，全程服务到位 做到"七到位"，即：①提供温馨的住院环境，卫生清洁到位。②提供"六个一"服务（一声问候、一个微笑、一杯热水、一张整洁的床铺、一次热情详细的入院介绍、一张便于咨询的连心卡），入院接待到位。③提供优良的护理，服务态度到位。④提供方便患者的举措，舒适服务到位。⑤注重细节服务，保护隐私到位。⑥提供需求服务，方便患者到位。⑦提供"四有"措施（患者有人引、检查有人陪、配药有人拿、住院有人送），全程服务到位。

华生认为，关怀是护理专业提供的最有价值的特征。开展人文关怀最核心的问题是尊重患者的生命价值、人格尊严和维护患者的权利。关怀行为不只是情感、关注或仁慈的表现，它更应该体现出增进与维护人性尊严。良好的人文关怀可以融洽护患关系，促进患者早日康复，提高护理工作满意度。

（董云青 姜 颖）

1.如何应用奥瑞姆的自理理论为患者提供良好的护理服务？

2.如何应用罗伊的适应模式以使其在促进患者适应性的过程中发挥有效作用？

3.如何运用纽曼的健康系统模式来识别患者的各种应激源并保持个体系统的平衡与稳定？

4.在跨文化护理理论中,"文化关怀"是如何体现护理的本质的？

5.根据华生的人文关怀理论,应如何提高护士自身的人文关怀品质？

ER 5-8

练习题

第六章 | 护理程序

教学课件　　思维导图

学习目标

1. 掌握护理程序及护理诊断的概念；护理程序的五个基本步骤；护理评估、护理诊断、护理计划的内容；护理诊断、护理目标的正确书写方法；护理措施的分类。

2. 熟悉护理诊断与医疗诊断的区别。

3. 了解护理程序的发展史。

4. 学会准确、全面地收集资料；发现并确定护理问题；制订并实施相应的护理计划；评价护理效果。

5. 具备在临床工作中运用护理程序作出合理决策的科学思维能力。

情境导入

患者，男，32 岁，左上腹痛伴恶心、呕吐 12 小时急诊入院。患者昨晚饮酒后，出现左上腹隐痛，2 小时后疼痛加剧，呈持续性刀割样，并向左腰背部放射，伴恶心、呕吐，呕吐后疼痛无缓解。查体：体温 39.2℃，脉搏 106 次 /min，呼吸 30 次 /min，血压 96/68mmHg；精神萎靡，表情痛苦；腹肌紧张，全腹明显压痛和反跳痛。实验室检查：白细胞计数 $11.6×10^9$/L，中性粒细胞百分比 84%；血淀粉酶 850U/L，尿淀粉酶 1 830U/L。初步诊断：急性胰腺炎。患者情绪紧张、害怕，担心预后。护士小王接诊。

请思考：

1. 护士小王在接诊后应如何收集患者资料？

2. 在上述情境中患者的主要护理诊断是什么？

3. 针对患者的主要护理诊断应采取哪些护理措施？

护理程序是护士在临床工作中运用科学思维作出合理决策的有效方法。护理程序体现了护理过程中思考与行动的结合，有助于引导护士在工作中作出有效判断，确认服务对象现存或潜在的健康问题，制订满足服务对象需求的护理措施，并通过其健康状况的改变确定是否有效。

第一节　概　述

护理程序从收集资料入手，全面评估及分析服务对象的需求及健康状况，发现并确定护理问题，制订并实施相应的护理计划，评价其护理效果，从而使服务对象得到完整的、适应个体需要的护理服务。

一、护理程序的概念

护理程序（nursing process）是以促进和恢复患者的健康为目标所进行的一系列有目的、有计划的护理活动，是一个综合的、动态的、具有决策和反馈功能的过程。护理程序是一种科学地确认问题、解决问题的工作方法和思想方法，对护理对象进行主动、全面的护理，使其达到最佳的健康状态。综合性是指要用多学科的知识来处理服务对象对健康问题的反应；动态性是指根据服务对象健康问题的不断变化提出并随时调整护理措施；决策性是指针对服务对象的健康问题决定采取哪些护理措施；反馈性是指实施护理措施后的效果又反过来决定和影响下一步护理措施的制订。

二、护理程序的发展历史

1955 年，美国护理学家莉迪亚·海尔（Lydia Hall）首先提出护理程序的概念，认为护理程序是一种观察、测量、收集资料及分析结果的科学工作方法。那时的护理程序只包括评估、计划、评价三个步骤。1967 年，护理程序得到进一步的发展而成为四个步骤，即在"计划"之后增加了"实施"。当时护理诊断一直是护理程序第一步"评估"中的一个部分。1973 年，北美护理诊断协会规定护理程序包括五个步骤，即评估、诊断、计划、实施、评价。

三、护理程序的理论基础

护理程序是在吸收了多学科理论成果的基础上构建而成的，如系统理论、需要层次理论、信息论和解决问题论等。这些理论相互联系、相互支持，共同为护理程序提供理论支持，同时又分别在护理程序实践过程中的不同阶段发挥有效的指导作用。

系统理论组成了护理程序的框架；需要层次理论为估计患者的健康状况、预见患者的需要提供了理论依据；信息论赋予护士与患者交流的能力和沟通技巧，从而确保护理程序的最佳运行；解决问题论为确认患者的健康问题，寻求解决问题的最佳方案及评价效果奠定了方法论的基础。

四、护理程序的步骤

护理程序包括护理评估、护理诊断、护理计划、护理实施和护理评价五个步骤。

护理评估是护理程序的第一步，是有目的、有计划、系统地收集服务对象生理、心理、精神、社会及文化方面的健康资料并进行整理，以发现和确认其健康问题。

护理诊断是在评估的基础上对所收集的资料进行分析，从护理的角度描述服务对象的健康问题。

护理计划是针对护理诊断提出的健康问题制订一系列预防、消除或减轻这些问题的护理措施及方法，包括排列护理诊断的顺序、确定预期目标、制订护理措施及书写护理计划。

护理实施是护士及服务对象按照护理计划共同参与、完成实践护理活动的过程。

护理评价是将服务对象对护理活动的反应、护理效果与预期的护理目标进行比较，以评价目标的完成情况。

这五个阶段相互联系、相互影响，同时又有各自的功能，其目标为满足服务对象的健康需求，提高护理质量。

第二节　护理评估

护理评估（nursing assessment）是护理程序的开始，护士在此阶段收集资料并整理分析，找出服务对象的健康问题，为护理活动提供可靠依据。护理评估是一个动态、循环的过程，贯穿于护理过程之中。护理评估分为收集、核实、整理、分析和记录资料五个步骤。

一、收集资料

收集资料是护士系统、连续地收集服务对象健康状态信息的过程，主要目的是根据患者健康状况的基本资料，作出正确的护理诊断、制订护理计划，为评价护理效果提供依据，也为护理科研积累资料。

（一）资料的内容

收集资料的内容主要包括一般资料、生活状况及自理程度、护理体检及心理社会状况等。

1. 一般资料　①基本资料：姓名、性别、年龄、职业、民族、婚姻、文化程度、住址等。②本次住院的情况：主诉、现病史、入院方式、医疗诊断及目前的用药情况。③既往史、家族史、过敏史等。

2. 生活状况及自理程度　包括饮食、睡眠、排泄、烟酒嗜好、自理能力、活动方式、活动能力等。

3. 护理体检　包括生命体征、身高、体重、意识、瞳孔、皮肤黏膜、营养状况等，以及心、肺、肝、肾的阳性体征。

4. 心理社会状况　①服务对象有无焦虑、恐惧、沮丧、愤怒等情绪反应；有无负罪感、无用感、无能为力、孤独无助感、自我否定等心理感受。②服务对象的支持系统，如就业状态、角色问题（配偶、子女、家庭成员）和社交状况。③近期有无重大生活事件、应对能力、应对方式、应对效果及支持系统等。④服务对象的价值观、信念、宗教信仰等。

护士在收集资料时应详细询问相关资料，如发病时间、症状是突然出现还是逐渐出现，是否持续存在，持续时间、部位、强度等信息。

（二）资料的分类

根据收集资料的来源不同，可分为主观资料和客观资料。

1. 主观资料　指服务对象对自己健康状况的体验和认知，包括服务对象对所感觉的、所经历的以及听到的、看到的、想到的内容的描述，如服务对象描述"头晕""胸闷""我有些害怕"等。

2. 客观资料　指检查者通过观察、交谈、体格检查和实验室检查等方法获得的有关服务对象健康状况的资料，如发热、黄疸、水肿、血压升高等资料。

（三）资料的来源

1. 直接来源　资料的直接来源是服务对象本人。可以通过交谈、观察、身体评估等方法获取资料，包括服务对象的主诉、肢体语言、因生理或心理的反应所表现出的外在行为、个人健康需求、生活形态、既往病史和现病史、日常活动的改变等资料。

2. 间接来源

（1）**家属及重要关系人**：对意识不清、有语言障碍、精神状态不稳定的服务对象及婴幼儿，其家属或重要关系人是获取资料的重要来源，甚至是资料的唯一来源。重要关系人包括服务对象主要的照护者及服务对象健康的主要影响者，如父母、配偶、兄弟姐妹，或者其他亲戚、朋友、同事等。

（2）**其他医务人员**：主要是指共同或曾经参与照护服务对象的医疗成员，包括其他护士、医师、康复师、营养师等，都可提供重要资料。

（3）**病历和记录**：病历记录了服务对象的现病史和既往史，同时也记录了许多辅助检查的客观资料。社区记录包括社区的卫生记录和儿童的预防接种记录等。

（4）**医疗、护理文献**：护理学及其他相关学科的文献可为服务对象的病情判断、治疗和护理等提供理论依据。

（四）收集资料的方法

1. 交谈　护士通过与患者和家属的交谈收集有关患者健康状况的信息，这是收集主观资料的最主要方法，良好的交谈也有助于与患者建立起相互信任的关系。护士在交谈开始前向患者说明交谈的目的和所需要的时间，安排合适的环境，在交谈时巧妙地运用沟通技巧，引导患者抓住交谈的主题,对一些敏感性话题应注意保护患者的隐私。

2.观察 是护士在临床实践中利用感官或借助简单的诊疗器具,有目的地收集有关服务对象资料的方法。观察是一个连续的过程。护士从与患者初次接触开始,即可通过视觉、触觉、听觉、嗅觉观察患者的外貌、步态、精神状态等。住院期间对患者进行连续性的观察,收集与护理诊断相关的证据,评价实施护理后的效果。

3.护理体检 护士运用视诊、触诊、叩诊、听诊、嗅诊等方法,对患者进行全面的体格检查,以了解患者的阳性体征,确立护理诊断,从而制订护理计划。

4.查阅资料 包括患者的病历、各种护理记录以及有关文献等。

二、核实资料

1.核实主观资料 主观资料常来源于服务对象的主观感受,因此,不可避免地会出现一定的偏差。例如服务对象未觉发热,但可测量到其体温偏高;服务对象自述不痛,但可测量到其脉搏加快,可观察到其痛苦表情。当主观资料与客观资料不一致时,护士须谨慎判断,必要时进一步收集其他资料以了解情况。

2.澄清含糊资料 护士在收集、整理资料的过程中,如果发现资料不够确切或不够完整,应进一步取证和补充,以保证资料的准确性和完整性。例如一位患者诉说最近睡眠不好,此时护士应详细询问其睡眠的相关资料,如具体的睡眠时间、睡眠质量、有无入睡困难或早醒、有无影响睡眠的诱因等。

三、整理资料

整理资料是将收集的资料进行归纳、分类,便于找出服务对象的护理需求,确定护理问题。资料的分类可依据马斯洛需要层次理论、戈登(Gordon)的 11 种功能性健康型态,或北美护理诊断协会(North American Nursing Diagnosis Association,NANDA)的人类反应型态分类法Ⅱ进行诊断分类。

(一)依据马斯洛需要层次理论进行分类整理

1.生理需要 如呼吸困难、体温升高、腹胀、便秘等。

2.安全需要 如住院后感到孤独无助,术前精神紧张等。

3.爱与归属需要 如希望亲友来探望等。

4.尊重需要 如希望被尊重等。

5.自我实现需要 如担心住院会影响工作、学习,无法实现自己的理想等。

(二)依据戈登的 11 种功能性健康型态进行分类整理

1.健康感知－健康管理型态 指服务对象对自己健康状态的感知,以及维持健康的方法,如疾病诱因、既往入院情况、本次入院期望等。

2.营养－代谢型态 指局部营养供给情况,以及与代谢需要有关的液体、食物消耗状况,如营养的摄入、生长发育等的需求。

3.排泄型态 包括排尿、排便等状况。

4.活动－运动型态 指服务对象活动、运动、休闲与娱乐的状况,如有无移动障碍或疲劳等。

5.睡眠－休息型态 指服务对象休息、睡眠以及精神放松的状况。

6.认知－感知型态 指服务对象的认知能力及感官功能,如有无视觉、听觉、触觉障碍,有无疼痛、眩晕等。

7.角色－关系型态 指服务对象从事的角色任务及人际关系的互动情况,如婚姻状况、有无子女等。

8.自我认识－自我概念型态 指服务对象对于自我价值与情绪状态的信念与评价,如对自我的描述等。

9. **性 – 生殖型态**　指服务对象的性态度及生殖器官功能,如性欲、月经等。

10. **应对 – 压力耐受型态**　指服务对象的受压力程度、应对与调节压力的状况,如主要的生活变化、解决问题的能力等。

11. **价值 – 信念型态**　指服务对象进行选择及决策的价值观,如宗教信仰等。

(三) 依据NANDA的人类反应型态分类法II进行诊断分类

1. **促进健康**　指完好状态或功能正常的意识以及继续控制或增强完好状态或功能正常的对策。

2. **营养**　指进行摄入、消化、吸收营养素的活动以满足生理需要和健康的能力。

3. **排泄/交换**　指分泌和排泄体内废物的能力。

4. **活动/休息**　指能量的产生、转化、消耗或平衡。

5. **感知/认知**　指对信息的感觉、整合和反应的能力。

6. **自我感知**　指对自我认识的感觉、整合和反应的能力。

7. **角色关系**　指建立或维持人际关系的方式和能力。

8. **性/生殖**　指性别的认同、性功能和生殖。

9. **应对/压力耐受性**　指处理生活事件、环境变化的能力。

10. **生活原则**　指针对生活事件的个人观点、行为方式及所遵循的原则。

11. **安全/保护**　指避免危险、机体损伤或免疫系统的损伤,保障安全。

12. **舒适**　指精神、身体和社会适应的完好状态或放松状态。

13. **成长/发育**　指机体和器官的生长与年龄相适应。

四、分析资料

分析资料是护士将收集的资料转换为信息的过程,即对这些资料进行判断,如判断正常或异常、高或低、重要或不重要。在分析过程中,护士可能需要重新收集资料,并找出与异常资料相关的因素或危险因素。

1. **检查有无遗漏**　将资料整理分类后,应认真检查有无遗漏,必要时及时补充,以保证资料的完整性。

2. **找出异常**　将所收集到的资料与正常值进行比较,或与患者健康时的状态进行比较,以发现异常。

3. **评估危险因素**　找出评估异常中的资料及其相关因素。有些资料目前虽然正常,但是存在危险因素,若不及时采取预防措施,以后很可能会出现异常。因此,护士应及时收集资料并对危险因素作出评估。

五、记录资料

记录资料是护理评估的最后一步。记录时应遵循全面、客观、准确、及时的原则,并符合医疗、护理文件的书写要求。主观资料的记录应尽量用患者自己的语言,并加双引号,不要带有自己的主观判断和结论。客观资料的记录应使用医学术语,所描述的词语应准确。资料的收集过程不应只限于服务对象入院时,应贯穿于护理程序的整个过程。

ER 6-3

跌倒坠床
风险评估

第三节　护理诊断

护理诊断是护理程序的第二步,是对评估时所收集的健康资料进行分析,从而判断服务对象现存或潜在的健康问题以及引起健康问题的原因。

一、护理诊断的概念

1990 年，NANDA 提出了护理诊断的概念：护理诊断（nursing diagnosis）是关于个体、家庭、社区对现存或潜在的健康问题及生命过程反应的一种临床判断，是护士为达到预期目标（预期结果）选择护理措施的基础，这些预期结果应能通过护理职能达到。护理诊断是对患者生理、心理、社会、文化、发展及精神方面所出现健康问题的反应的说明。护士可通过对服务对象的评估，判定其健康问题，通过护理职能解决或缓解问题。NANDA 每两年召开一次会议，修订和增补一系列护理诊断，2021—2023 版护理诊断分类系统提供的护理诊断见附录。

二、护理诊断的分类

根据健康问题的性质将护理诊断分为现存的、潜在的、健康的、综合的护理诊断四种类型。

1. 现存的护理诊断（actual nursing diagnosis）　是对个人、家庭或社区服务对象进行评估时发现目前已存在的健康问题或反应的描述，如"便秘""体温过高"。

2. 潜在的护理诊断（potential nursing diagnosis）　又称为危险的护理诊断。潜在的护理诊断是对个人、家庭或社区服务对象的健康状况或生命过程目前尚未发生，但有危险因素的存在，若不加以干预，极有可能发生的健康问题反应的描述。例如长期卧床的患者存在"有皮肤完整性受损的危险"，术后患者存在"有感染的危险"。

3. 健康的护理诊断（wellness nursing diagnosis）　是对个体、家庭或社区服务对象具有的达到更高健康水平潜能的描述，如"母乳喂养有效"。

4. 综合的护理诊断（syndrome nursing diagnosis）　是指一组由某种特定的情境或事件引起的现存的或潜在的护理诊断。例如，强暴创伤综合征是指受害者遭受粗暴的性侵犯后所表现的持续适应不良的反应，包括多种躯体症状、情感反应，生活方式发生紊乱的急性期和生活方式重整的长期过程等。

三、护理诊断的组成

护理诊断有四个组成部分：名称、定义、诊断依据和相关因素。

（一）名称

每一项 NANDA 公认的护理诊断都有其特定名称。名称是对服务对象健康状况的概括性描述。常用无效或有效、缺陷、受损等特定描述语，如"清理呼吸道无效""躯体移动障碍""知识缺乏"等。

（二）定义

定义是对名称的一种清晰的、准确的表达，并以此与其他护理诊断相鉴别。每一个护理诊断都具有其特征性定义。例如"腹泻"的定义为"个体排便次数增多，大便不成形或排出松散、水样便的状态"。

（三）诊断依据

诊断依据是指作出护理诊断的临床判断依据，常常是患者所具有的一组症状和体征，以及有关病史，也可以是危险因素。明确诊断依据是作出正确护理诊断的前提。根据诊断依据在特定诊断中的重要程度可将其分为主要依据和次要依据。

1. 主要依据　是指形成某一特定诊断所应具有的一组症状和体征及有关病史，是诊断成立的必要条件。例如"腹泻"的主要依据为"排便次数增多（>3 次 /d），大便松散或排出水样便"。

2. 次要依据　是指在形成诊断时，多数情况下会出现的症状、体征及病史，对诊断的形成起支持作用，是诊断成立的辅助条件。例如"腹泻"的次要依据为"腹痛、肠鸣音亢进、有里急后重感"。

（四）相关因素

相关因素是指引发服务对象健康问题的原因或情境。护士要制订出有针对性的预期目标和护理计划，必须明确护理诊断的相关因素。常见的有以下几个方面：

1. 病理生理方面　指与病理生理改变有关的因素。例如"气体交换受损"的相关因素可能是与水肿有关。

2. 心理方面　指与服务对象心理状况有关的因素。例如"活动无耐力"可能是服务对象处于抑郁状态而引起的。

3. 治疗方面　指与治疗措施有关的因素。例如"便秘"的相关因素可能是药物的副作用。

4. 情境方面　指环境、情境等方面的因素（如陌生环境、压力刺激等）。例如"睡眠型态紊乱"可能与住院后环境改变有关。

5. 年龄方面　指在生长发育或成熟过程中与年龄有关的因素。例如"有孤独的危险"可能与老年人失去正常的社会联系有关，见于退休、搬迁等。

四、护理诊断的陈述

护理诊断的陈述包括三个要素：①P——健康问题（problem），指服务对象现存的和潜在的健康问题。②E——原因（etiology），是指引起服务对象健康问题的直接因素、促发因素或危险因素。疾病的原因多数比较明确，而健康问题的原因往往因人而异。例如失眠的原因可能有环境改变、疼痛、焦虑等。不同的疾病可能有相同的健康问题。③S——症状或体征（symptoms or signs），指与健康问题有关的症状或体征。

护理诊断的陈述方式主要有以下三种：

1. 三部分陈述　即 PES 公式，多用于现存的护理诊断。例如：营养失调（P）：消瘦（S）与进食过少有关（E）。

2. 两部分陈述　即 PE 公式，只有护理诊断名称和相关因素，没有临床表现。例如：有皮肤完整性受损的危险（P）　与长期卧床导致局部组织受压有关（E）。

3. 一部分陈述　只有 P，多用于健康的护理诊断。例如：执行治疗方案有效（P）。

五、护理诊断书写的注意事项

1. 应使用统一的护理诊断名称，所列问题应简单、准确、规范，利于护士之间的交流探讨。

2. 护理诊断必须以所收集到的资料作为诊断依据，一个护理诊断只针对一个健康问题，一位患者可有多个护理诊断，并随病情发展而变化。

3. 避免用症状或体征代替护理诊断。例如某患者排黄色稀水样便多次，伴明显尿量减少、口渴，其护理诊断应是"体液不足　与腹泻导致体液丢失有关"，而不能把腹泻、少尿等表现当作护理诊断。

4. 护理诊断应明确相关因素，同样的护理诊断可因不同的相关因素而具有不同的护理措施。例如"便秘"，因背部受伤引起时与排便时疼痛有关，而因心力衰竭引起时则与缺氧造成肠蠕动降低有关，虽然两者的诊断相同，但护理措施不同。

5. 护理诊断"知识缺乏"为特殊的陈述方式，陈述为"知识缺乏：缺乏 ×× 的知识"。

6. 避免使用可能引起法律纠纷的语句。

7. 避免价值判断。

六、医护合作性问题

在临床护理实践中，护士常遇到无法独立解决的护理问题，不能作出合理的护理诊断，而这些问题也确实需要护士提供护理措施。1983 年琳达·卡本尼图提出了合作性问题（collaborative problem）

的概念。她认为护士需要解决的问题可分为两类：一类经护士直接采取措施可以解决，属于护理诊断；另一类需要护士与其他健康保健人员共同合作解决，属于合作性问题。

合作性问题是指由于各种原因造成的或可能造成的生理上的并发症，是需要护士承担监测职责，并需要与其他医务人员共同处理以减少发生概率的问题的描述。合作性问题的陈述方式是："潜在并发症：××××"，如"潜在并发症：颅内出血"。

并非所有并发症都是合作性问题。可通过护理措施预防及处理的并发症属于潜在的护理诊断。例如婴幼儿腹泻存在"有皮肤完整性受损的危险　与排泄次数增多及排泄物刺激有关"，护士可通过臀部皮肤护理，避免红臀及臀部皮肤破损。当并发症不能由护士预防和独立处理，护理的重点是监测，而监测不能改变患者状况或预防问题的发生、只提供必要的信息，处理决定来自医护双方时，则属于合作性问题。

七、护理诊断与医疗诊断的区别

护理诊断和医疗诊断虽同为诊断，但功能却大不相同。二者的主要区别见表6-1。

表 6-1　护理诊断与医疗诊断的区别

项目	护理诊断	医疗诊断
临床研究对象	是对个人、家庭及社区的健康问题或生命过程反应的临床判断	是对个体病理生理变化的临床判断
描述内容	描述个体对健康问题的反应	描述一种疾病
决策者	护士	医疗人员
问题状态	现存或潜在的	多数是现存的
职责范围	属于护理职责范围	属于医疗职责范围
适用范围	适用于个体、家庭、社区的健康问题	适用于个体疾病
数量	可同时有多个	通常只有一个
稳定性	随健康状况变化而改变	一旦确诊不会改变

第四节　护理计划

护理计划（nursing plan）是护理程序的第三步，是护士在评估及诊断的基础上，综合运用多学科知识，针对护理诊断制订具体护理措施的书面说明，是进行护理行动的指南。通过护理计划，可以使护理活动有组织、有系统地进行，以满足服务对象的具体需要。护理计划包括四方面的内容：①护理诊断排序；②确定预期目标；③制订护理措施；④书写护理计划。

一、护理诊断排序

（一）排列护理诊断的优先顺序

当服务对象出现多个护理诊断或者问题（包括合作性问题）时，需要先对这些护理诊断/问题进行排序，以便根据问题的轻、重、缓、急来安排护理工作。排序时要把对服务对象生命威胁最大的问题排在最前面，其他问题依次排列。护理问题在优先次序上可分为首优问题、中优问题和次优问题三类。

1. 首优问题　指对生命威胁最大，需要立即解决的问题，如心输出量减少、清理呼吸道无效、气体交换受损等。

2. 中优问题 指虽然不直接威胁生命,但能导致身体上的不健康或情绪上变化的问题,如急性疼痛、体温过高、睡眠型态紊乱、恐惧等。

3. 次优问题 指个人在应对发展和生活变化时所遇到的问题,这些问题与特定的疾病或其预后并不直接相关,如社交孤立、疲乏等。这些问题往往不很急迫或需要较少帮助即可解决,但这些问题并非不重要,同样需要护士给予帮助解决。

(二)排列护理诊断的原则

1. 按照人类基本需要层次理论排序 根据马斯洛的人类基本需要层次理论,人的生理需要未满足的问题应优先解决,如与呼吸有关的"气体交换受损"、与体液有关的"体液不足"等。当这些问题得到一定程度的解决后,护士可以把工作重点转移到满足更高层次需求的问题上。

2. 排序时考虑服务对象的主观需求 同样的需求对不同的服务对象,其重要性可能不同。尤其针对较高层次的需求,排序应尽可能将服务对象的认知情况纳入其中。服务对象认为最为迫切的问题,在与治疗、护理无原则性冲突的情况下,可考虑优先解决。

3. 排序并非固定不变 当威胁生命的问题已被解决、生理需要获得一定程度的满足后,中优或次优问题可以上升为首优问题。例如心力衰竭患者在出现"体液过多""心输出量减少""活动无耐力"的护理诊断时,"活动无耐力"只能被列入中优问题。但随着病情好转,患者呼吸顺畅、心音稳定、尿量恢复正常,心功能处于相对稳定状态,此时如何帮助患者早日活动以减少并发症的发生则转变为护理重点,"活动无耐力"便成为首优问题。

4. 不要忽视潜在的问题 一般认为应优先解决现存问题,但有时潜在的护理诊断和合作性问题比现存问题更重要,需要将其列为首优问题。

二、确定预期目标

预期目标也称预期结果,是护士期望服务对象接受照护之后能够达到的健康状态或行为改变。针对护理诊断提出预期目标,预期目标是选择护理措施的依据,也是评价护理措施的标准。每个护理诊断都应有相应的预期目标。

(一)目标的种类

根据实现目标所需时间的长短可分为短期目标和长期目标。

1. 短期目标 是指在较短的时间内(一般小于 7 天)能够达到的目标,适合于住院时间较短、病情变化较快者,又称近期目标,如"2 天后患者可下床独立行走 20m"。

2. 长期目标 是指需要相对较长时间(数周、数月)才能够达到的目标,又称远期目标。长期目标通常需要护士针对一个长期存在的问题采取连续性的干预才能解决。例如长期卧床的服务对象需要护士在其卧床期间给予皮肤护理以预防压力性损伤的发生,长期目标可以描述为"卧床期间皮肤完整、无破损"。有时长期目标也可以通过实现一系列短期目标而达到,且患者出院前不一定能达到。长期目标也适用于在家庭环境中接受护理的患者,如"2 个月内,患者能完成洗漱和如厕"。

(二)目标的陈述方式

预期目标的陈述包括五个要素:主语、谓语、行为标准、条件状语、评价时间。

1. 主语 是服务对象或其重要影响人,也可以是服务对象的生理功能或机体的一部分,如患者的体重、体温、尿量等。有时服务对象在目标陈述中充当主语时可被省略。

2. 谓语 是指主语将要完成且能被观察到的或被测量的行为。

3. 行为标准 是指服务对象完成该行为所要达到的程度,如次数、距离、速度等。

4. 条件状语 是指服务对象完成该行为所处的条件状况,并非所有目标陈述都包括此项。

5. 评价时间 是指服务对象在何时达到目标中陈述的结果,即何时对目标进行评价。这一要素可督促护士帮助服务对象尽快达到目标。

例：<u>5天后</u>　　<u>患者</u>　　　<u>挂拐</u>　　　<u>行走</u>　　　<u>50m</u>。
评价时间　　主语　　条件状语　　谓语　　行为标准

（三）确定预期目标的注意事项

1. 目标要以服务对象为中心　目标陈述的是护理对象的行为，而非护理活动本身，更不是描述护士的行为或护士采取的护理措施。例如"住院期间教会患者使用胰岛素笔"应改为"出院前患者能够演示正确使用胰岛素笔的方法"。

2. 目标应切实可行　预期目标应有据可依，而且是服务对象所能达到的。例如要求一位截瘫患者三个月内下床行走是不可能达到的。

3. 目标应具有针对性　一个预期目标只针对一个护理诊断，一个护理诊断可有多个预期目标。

4. 目标应具体　目标应是可被观察和测量的。例如"2周内患者吸烟量减少"应改为"2周内患者每天的吸烟量减至5支"。

5. 目标应有时间限制　目标应注明具体时间，如"2小时内""出院时"等，为护理评价提供时间依据。

三、制订护理措施

护理措施是护士帮助服务对象实现预期目标的具体实施方法，制订护理措施的过程需要护士针对护理诊断，结合服务对象的具体情况，运用评判性思维与护理专业知识和经验作出决策。

（一）护理措施的分类

1. 独立性护理措施　是指护士不依赖医嘱，而是运用护理知识和技能可独立完成的护理活动。例如帮助患者抬高水肿的肢体，完成日常生活活动；进行皮肤护理，指导腹部术后患者咳嗽时保护切口等护理措施；保护患者安全及预防感染、预防危险问题的措施；提供健康教育和咨询等。

2. 依赖性护理措施　是指护士执行医嘱的护理活动，如遵医嘱给药、更换伤口敷料、外周静脉置管、诊断性检查的准备工作等。依赖性护理措施并非机械地执行，同样要求护士具备一定的知识和技能。例如遵医嘱给药要求护士掌握药物的药理作用、剂量及副作用等；进行外周静脉置管，要求护士具备相应的技能，并能够预测可能出现的后果及并发症。此外，护士还负责与患者的沟通，如诊断性检查前的沟通及检查后告知结果等。

3. 合作性护理措施　是指护士与其他医务人员共同合作完成的护理活动。例如护士与营养师一起制订符合病情的饮食计划等。

（二）制订护理措施的注意事项

1. 护理措施应具有科学依据　护士应依据科学证据制订护理措施，这些依据来源于各个学科，包括自然科学、行为科学及人文科学等。禁止将无科学依据的措施用于服务对象。

2. 护理措施应有针对性　护理措施针对护理诊断提出的原因制订，便于达到预期的护理目标。

3. 护理措施应切实可行、因人而异　选择护理措施时一方面要从护士数量、业务水平和医院设施、设备的实际情况出发，另一方面要符合服务对象的病情、年龄、性别、体力、认知水平、愿望及要求等。

4. 护理措施应保证服务对象的安全　护士在为服务对象提供护理服务的过程中，应保证其生理安全和心理安全。例如协助心肌梗死患者活动时，应循序渐进，避免活动过度而加重病情。

5. 护理措施应具体全面　护理措施的描述应准确、明了，以利于其他护士在护理同一服务对象时正确执行护理措施。制订护理措施时要参阅其他医务人员的病历记录，意见不一致时应及时协商并达成共识。

6. 鼓励服务对象参与制订护理措施　在制订护理措施的过程中，鼓励服务对象或家属参与，以保证护理措施的效果。

四、书写护理计划

书写护理计划有利于医疗团队成员之间的沟通,便于分配工作时间与资源,并有助于提高护理质量。各个医疗机构护理计划的书写格式不尽相同,内容一般包括护理诊断、预期目标、护理措施、评价,具体填写格式见表6-2。

表6-2　护理计划单

日期	时间	护理诊断	预期目标	护理措施	签名	评价		
						日期时间	结果	签名
2023-08-01	9:00	清理呼吸道无效 与呼吸道感染、痰液黏稠有关	1周内患者痰液稀薄,容易咳出;痰量减少甚至消失	1. 观察患者咳喘症状,尤其是痰液的性状和量 2. 指导深呼吸和有效咳嗽 3. 遵医嘱给予痰液稀释剂,观察药物的疗效和副作用 4. 遵医嘱施行超声雾化等吸入疗法 5. 每天饮水1 500ml以上,适当增加蛋白质和维生素的摄入 6. 保持病室内空气新鲜,温度、湿度适宜	××	2023-08-08 8:00	目标完全实现	××
2023-08-01	9:00	体温过高与肺部感染有关	2天内患者体温下降至正常	1. 遵医嘱给予抗生素治疗,观察药物的疗效 2. 每4小时监测生命体征1次,如发现体温突然升高或骤降、不升时,随时记录并给予处理 3. 鼓励多饮水,必要时物理降温。遵医嘱给予静脉补液及药物降温并记录降温效果 4. 出汗时随时更换衣服和被服,保持床单清洁、干燥。做好皮肤、口腔护理	××	2023-08-03 8:00	目标完全实现	××

目前护理信息系统在临床广泛应用,护士通过点击相应疾病名称,系统可智能生成该疾病的标准护理计划,内容是护理诊断及诊断依据、护理目标和护理措施。护士只需取消不符合患者病情的护理诊断选项,增加需要的内容,确定后即可生成护理计划。同时还可对已选的护理计划进行调整,构成个性化护理计划,并保存在系统中。标准护理计划使护士容易关注可预测的共性问题,而忽略个体的特殊问题,缺乏全面思考及独立决策的功能。因此,护士在计划阶段不要急于对照标准护理计划,应先独立思考,作出判断和决策后,再对照标准计划。

ER 6-4

护理诊断与护理计划

第五节　护理实施

护理实施(nursing implementation)是护理程序的第四步,是将护理计划付诸实践、实现护理目标的过程。通过实施,可以解决护理问题,并可以验证护理措施是否切实可行。此阶段要求护士具备丰富的专业知识、熟练的操作技能和良好的沟通能力,以保证护理计划顺利进行,使服务对象得到高质量护理。

一、实施前准备

1.实施前思考　护理人员在执行计划之前,应思考以下问题:

(1)做什么(what):回顾已制订好的护理计划,保证计划内容科学、安全并符合服务对象目前的情况。在实施前护士将这些护理措施组织起来，以保证正确有序地执行。

（2）**谁去做**（who）：①护士本人：由制订护理计划的护理人员将计划付诸行动。②其他医务人员：包括其他护理人员、医生和营养师等。③患者及其家属：有些护理措施需要患者及其家属参与或直接完成。

（3）**怎么做**（how）：确定实施时将使用的技术和方法，熟悉技术操作、仪器操作的过程。例如，准备好如何与患者沟通交流，在沟通中遇到问题如何应对等。

（4）**何时做**（when）：根据服务对象的具体情况、健康状态，选择执行护理措施的时间。例如有关患者饮食指导的健康教育应安排在家属探视时间。

（5）**何地做**（where）：实施护理措施之前确定良好的场所十分必要，尤其涉及患者隐私的操作，更应注意环境的选择。

2. 重新评估　服务对象的健康状况会不断地发生变化，评估应贯穿于护理程序的全过程。如果患者的病情发生变化，就要及时修改护理计划。护士满足患者的护理需求后要重新评估患者的资料，修改护理计划。因此，在实施护理计划前护士必须重新评估。例如针对"清理呼吸道无效"的患者，护理计划中制订了"定时叩背协助咳嗽和雾化吸入"两项措施。护士在实施上述措施之前，应听诊双肺呼吸音，重新评估患者的痰量、性质、黏稠度及叩背和雾化的效果，之后再决定是否维持原护理计划。

3. 审阅和修改　注意所制订的护理计划是否适合现阶段的患者情况，评估资料是否全面，护理诊断是否需要改变，预期目标是否合适，护理措施是否得当。如果发现计划与患者情况不符合，应及时予以修改。例如护士来到病房准备为患者进行健康教育，但发现患者主诉有些不舒服，护士决定修改护理计划，将健康教育推迟30分钟。

4. 分析所需知识和技能　护士实施护理措施时，需要具备丰富的专业知识、认知技能、人际交流技能、操作技能等，熟练掌握新的设备和技术使用方法，当存在欠缺时应及时补充，必要时查阅资料或请教他人，弥补不足。

5. 预测可能的并发症并采取预防措施　护士应凭借自己的专业知识和工作经验，充分评估和预测实施过程中可能出现的并发症及存在的危险因素，采取必要的预防措施。例如护士为躁动的患者使用床栏，防止坠床的发生；为老年人应用冰袋降温时有可能导致局部冻伤，护士用毛巾包裹冰袋，并严密观察患者的皮肤情况。

6. 组织实施计划的资源　护士要根据预期目标和护理计划，在实施护理措施前，准备好人力资源和环境资源。人力资源包括医护人员、家属及重要关系人。制订措施时必须充分评估他们在时间、知识、技能、经济等方面能给服务对象提供帮助的能力。制订措施时应选择合适的环境。例如在谈论涉及患者隐私的问题时，应选择较为私密且不被打扰的地点。

二、实施方法

1. 操作　护士运用相关的护理技术执行护理计划，如静脉输液、氧气吸入、口腔护理、心肺复苏等。

2. 管理　护士将护理计划按照先后次序进行排序，确保护理活动的有效进行。有些护理活动并不直接针对患者，如医院环境的管理、急救车的维护、物资供应等。

3. 教育　护士应评估患者对信息的需求及影响其接收信息能力的相关因素，如文化因素、社会因素等。护士针对不同的护理对象，对其开展疾病的治疗、护理、预防等方面的教育，指导其进行自我护理。

4. 咨询　护士为患者提供健康咨询服务时，不仅要解除患者对健康问题的疑问，还要为其提供心理支持。例如独生子女在照顾年迈患病的母亲时，不仅需要知识和技术指导，更需要心理支持。

5. 记录与报告　护士在完成护理措施后，应详细记录患者护理计划的执行及病情变化情况，及时向医生反映患者的病情进展情况及出现的身心反应。

三、护理记录

护理记录是护理实施阶段的重要内容,将实施过程真实、准确、完整地记录下来,有助于其他医护人员及时了解患者的情况,为下一步治疗和护理提供可靠依据,是护理活动交流的重要形式。护理记录要求描述客观、具体、简明扼要、重点突出,体现动态性和连续性,可采用文字叙述或填表的形式。

(一)护理记录的内容

护理记录的内容包括实施护理措施后护士观察到的效果及患者、家属的反应;各种症状、体征、器官功能的评价;患者出现的新的健康问题与病情变化,所采取的治疗和护理措施;患者的身心需要及其满足情况;患者的心理状态等。

(二)护理记录的方法

护士按照医院具体的要求详细、认真、完整地记录护理过程十分必要。临床护理记录的方式有很多,常用 PIO 格式记录。P(problem)代表健康问题;I(intervention)代表措施,指护士为解决患者的问题而采取的措施;O(outcome)代表结果,指采取护理措施后的效果。

第六节　护理评价

护理评价(nursing evaluation)是将患者的健康状况与预期目标进行有计划、系统的比较并作出判断的过程。护理评价是护理程序的最后一步,贯穿于护理活动的全过程。通过护理评价,可以了解患者是否达到了预期的护理目标。

一、评价目的

1. **验证护理效果**　通过护理评价,可以了解实施各项护理措施后服务对象目前的健康状态,服务对象的需要是否得到满足,预期目标是否达到。

2. **监控护理质量**　通过对护理工作的自我评价、同行评价和护士长或护理部主任的评价等,不断改进护理服务内容和方法,从而提高护理质量。

3. **为科学制订护理计划提供依据**　通过护理评价可以了解护理诊断是否正确,预期目标是否合适,护理措施的执行情况及优缺点等。护理评价为科学制订护理计划提供依据,也为护理的研究和发展提供资料。

二、评价方式

1. **护士进行自我评价**　评价内容包括护理诊断是否正确;通过实施各种护理措施后,预期目标是否合适,服务对象的需要是否得到满足,服务对象的健康问题是否被解决,护理措施的执行情况及存在的优缺点等。

2. **护士长、护理教师、护理专家的检查评定**　主要通过护理会诊、出院护理病例讨论、护理质量评价等方式进行。

3. **护理查房**　是评价护理程序实施效果最基本、最主要的护理活动之一。通过护理查房活动,能及时性地评价护理程序的实施效果,促进护理工作的改进,从而提高护理质量。

三、评价过程

(一)收集资料

护士可根据评价标准和评价内容,通过直接访谈、检查、评估服务对象,访谈家属及翻阅病历等方式收集相关主、客观资料。护理评估与护理评价两者收集资料的方法相似,但目的不同,前者是将收集的资料与正常值比较,以确定护理问题;后者则是将收集的资料与预期目标比较,以确定已知的问题是否解决及改善的程度。

(二) 评价是否实现预期目标

在目标陈述中所规定的评价期限达到后,评价预期目标是否实现,即评价通过实施护理措施后,衡量原定计划中的预期目标是否已经达到,可通过以下两个步骤进行:

1. 列出实施护理措施后服务对象的实际行为或反应变化。

2. 将服务对象的反应与预期目标比较,判断预期目标实现的程度,包括预期目标完全实现、预期目标部分实现、预期目标未实现。

例如预期目标为"患者1周后能独自行走50m",1周后的评价结果为:

患者已能独自走50m——目标完全实现。

患者能独自走20m或在帮扶下行走50m——目标部分实现。

患者拒绝下床或行走无力——目标未实现。

护士在对预期目标实现与否作出评价后,应记录结论,包括评价结论(预期目标达到的情况)及支持资料(支持评价结论的服务对象的反应),然后签名并注明评价的时间。

(三) 分析原因

1. 在评价的基础上,对目标部分实现或未实现的原因进行分析,找出问题之所在。具体问题包括:

(1) 所收集的基础资料是否真实、全面、准确?

(2) 护理诊断是否正确?

(3) 预期目标是否合适?

(4) 护理措施是否有针对性且得到有效落实?

(5) 服务对象及家属是否积极配合?

(6) 病情是否已经改变或有新的问题发生?原定计划是否失去了有效性?

2. 对健康问题重新估计后,作出不同的决定。一般有以下4种可能性:

(1) **停止**:对已实现的护理目标或已经解决的问题,停止原有的护理措施。例如糖尿病患者能够达到"正确演示胰岛素注射方法"的预期目标,护士可停止有关胰岛素注射方法的健康教育。

(2) **继续**:预期目标与护理措施恰当,护理问题有一定改善,但仍然存在,护理计划继续进行。例如患者行阑尾炎手术2天后可在护士的协助下行走50m,虽未完全达到"患者术后2天可自行下床行走50m"的预期目标,但问题正在解决中,可继续实施当前的护理计划。

(3) **取消**:原有的潜在问题若未发生,通过进一步收集资料,评估护理对象健康问题的危险性不存在了,可取消相应的护理诊断、目标、措施等。例如腹部手术患者存在"有感染的危险",经过2周的护理,患者并未出现任何感染,该护理问题可取消。

(4) **修订**:目标部分实现或未实现,对护理诊断、目标、措施中不适当之处加以修改。例如某卵巢癌患者精神抑郁,不愿接受治疗。护士设定预期目标为"1周后患者自述情绪好转"。经过1周的心理护理,患者仍拒绝治疗,情绪未好转。护士应将目标改为"1周后患者表示愿意接受治疗"。

(四) 合作性问题的评价

由于合作性问题需由医生和护士共同干预以达到预期目标,如果目标没有达到或进展不显著,并不能说明护理计划或干预措施不合理。

（田芬霞　黄　颖）

1. 刘先生，28 岁，淋雨后高热，以肺炎链球菌肺炎收入院。主诉：疲乏、头晕、发冷、食欲缺乏、担心病情。体检：体温 39.5℃，脉搏 110 次/min，呼吸 24 次/min，血压 145/96mmHg，两下肺呼吸音减弱、广泛湿啰音，神志清楚，面色潮红，口角疱疹，痰液黏稠不易咳出。遵医嘱给予抗生素、糖皮质激素等治疗。请区分以上资料中的主观资料和客观资料。

2. 林女士，47 岁，发热、咳嗽、咳痰 6 天，痰液黏稠，不易咳出，食欲缺乏。查体：体温 37.5℃，呼吸 24 次/min，心率 72 次/min，血压 100/68mmHg，肺部听诊有少量湿啰音。经评估后，护士应优先解决的护理问题是什么？

ER 6-5

练习题

3. 孙先生，59 岁，6 个月前因中风导致下肢瘫痪在家卧床，需他人协助翻身，骶尾部无知觉，因发现骶尾部出现一直径 2.5cm×3cm，深度约 0.5cm 的压力性损伤入院。护士作出"皮肤完整性受损"的护理诊断。请列出该护理诊断的诊断依据及相关因素。

第七章 | 评判性思维与临床护理决策

教学课件

思维导图

ER 7-1   ER 7-2

学习目标

1. 掌握评判性思维的概念、构成及评判性思维在护理中的应用；临床护理决策的概念与发展临床护理决策能力的策略；循证护理的概念。
2. 熟悉评判性思维的特点；临床护理决策的步骤及影响因素；循证护理的实施程序与循证护理实践应注意的问题。
3. 了解循证护理的证据来源与分级。
4. 能运用评判性思维对临床问题进行分析。
5. 具备科学的质疑态度、评判反思精神与创新发展能力。

情境导入

患者，女，82岁，5年前被确诊为阿尔茨海默病，2年后完全丧失沟通交流能力和生活自理能力。其女儿于1年前将患者送到老年护理院居住。患者入住护理院时有全口义齿。近2周，患者食欲明显不佳，体重下降。护理院的工作人员打电话告知患者家属，患者家属到护理院看望。经检查，患者口腔干燥，左侧颊黏膜有2个2mm×2mm的溃疡，左侧舌尖有1个2mm×1mm的溃疡，溃疡表面有黄色液体，溃疡周围的颊黏膜红肿明显，有义齿性口腔炎，义齿有多处牙垢，口臭明显。

请思考：
1. 检索相关领域的循证资源，分析造成患者口腔现状的原因。
2. 如何根据最佳实践证据制订患者的口腔护理策略？

随着社会的不断发展和医学科学的进步，人们对护理专业的要求越来越高，使得护理专业不断向广度和深度进行发展，护理工作的范畴不断拓展，难度逐渐增加。护士仅凭现有的技术和经验工作，已经远远不能满足服务对象的需求。

在面对纷繁复杂的临床现象和临床问题时，评判性思维和护理决策的相关知识和技巧，能够帮助护士对各种护理问题进行有目的、有意义的判断、反思、推理及决策，从而有效地解决护理实践中的问题，提高护理服务质量。因此，科学的质疑态度、评判反思精神与创新发展能力是当今护士必备的重要核心能力，也是护理学科发展的核心推动力。在护理工作中运用评判性思维，通过循证获得最佳实践证据并将其应用于护理决策，能加快科研成果的应用转化，促进护理决策的科学性。

第一节　评判性思维

评判性思维是一个不断主动思考的过程，是护理实践中常用的科学思维。因为护理环境复杂、患者的差异性，在护理实践中护士需要综合运用所掌握的知识独立思考，对各种护理问题进行合理质疑、正确判断、反思、推理及决策。运用评判性思维来分析和解决护理问题，能够显著提高工作的合理性、科学性及有效性，促进护理专业向科学化的方向发展。

一、评判性思维概述

（一）概念

1. 科学思维（scientific thinking） 是人类智力系统的核心，是人类在学习、认识、实践操作和其他活动中所表现出来的理解、分析、比较、综合、概括、抽象及推理等所组成的综合性思维。

2. 评判性思维（critical thinking） 又称批判性思维，指个体在复杂的情境中，在反思的基础上灵活应用已有的知识和经验进行分析、推理并作出合理的判断，在面临各种复杂问题及各种选择时对问题的解决方法进行正确的选择和取舍。

3. 护理评判性思维（critical thinking in nursing） 是对护理现象或问题进行的有目的、有意义、自我调控性的判断、反思和推理过程，其核心目的是作出合理决策，有效解决护理问题。护理程序是评判性思维在临床护理实践中的具体应用。

（二）护理评判性思维的层次

处于不同评判性思维层次的护士，解决护理实践问题的能力也不相同。因此，护士不仅要积极地培养评判性思维，还要努力促进评判性思维向更高的层次发展。评判性思维由低到高有 3 个层次，分别是基础层次、复杂层次和尽职层次。

1. 基础层次（basic level） 处于此层次的护士，相信专家对每个问题都有正确答案，且坚信所有问题只有一个答案，会参照操作规范程序手册进行护理实践，严格遵循操作流程，不能根据患者的个体需要进行调整。处于此层次的护士缺乏足够的评判性思维经验，处于推理能力发展的早期阶段，可通过接受专家的不同观点和价值观指导来提高护理评判性思维的能力。当护士缺乏经验、能力不强或态度固执时，会限制其评判性思维能力向更高的层次发展。

2. 复杂层次（complex level） 处于此层次的护士会根据具体的情况对问题进行独立分析并选择决策方案，主动性增强，思维能力有一定的提高，认识到问题是可以有多种解决方法的，并相信每种方法各有利弊。因此，护士会对不同的方法权衡利弊并作出最终决策。

3. 尽职层次（commitment level） 处于此层次的护士开始在专业信念的指导下，以维护服务对象的利益为基础进行专业决策，并为此承担相应的责任。此层次不仅要求护士能对解决各种复杂临床问题的备择方案进行深度思考，还要根据备择方案的可行性选择恰当的护理行为方式，并以专业要求和原则来实施方案。

> **知识拓展**
>
> ### 护理评判性思维能力的测量
>
> 正确评价护理评判性思维能力可以帮助护士了解自身评判性思维能力的水平，促进护理评判性能力的发展。常用的护理评判性思维能力测量工具包括加利福尼亚评判性思维技能测验（California critical thinking skill test，CCTST），加利福尼亚评判性思维特质问卷（California critical thinking disposition inventory，CCTDI），怀森及格拉斯的评判性思维评价量表（Watson-Glaser critical thinking appraisal，WGCTA），恩尼斯及威尔的评判性思维短文测试（Ennis-Weir critical thinking essay test，EWCTET），康奈尔评判性思维测试（Cornell critical thinking test，CCTT），医学科学推理测验（health sciences reasoning test，HSRT），基于表现的评判性思维测评（performance assessment for critical thinking，PACT）和中文版评判性思维能力测量表（CTDI-CV）等。

（三）护理评判性思维的意义

1. 有利于护理工作质量的提高　评判性思维能帮助护士在工作环境多变、患者差异性较大的情况下，灵活运用已有的知识和经验，对各种护理问题进行合理质疑、正确判断，在反思的基础上分析、推理，作出最佳的决策。在紧急情况下，护士在医生未到达之前能够实施必要的紧急救护。因此，评判性思维能够显著提高护理工作的科学性、合理性及有效性。

2. 有利于护士整体素质的提高　随着科技的发展、人民生活水平的提高及对健康的重视，护士的角色功能范围不断扩大及延伸，对护士素质的要求也越来越高。护士不但要求具有扎实的专业知识和精湛的护理技术，还应具备多种能力，包括处理复杂临床问题的能力、与人有效合作的能力、独立获取信息和自学的能力以及评判性思维的能力等。评判性思维作为一种思考和反思的过程，是获取上述所有能力的关键。因此，只有将评判性思维的能力融入其他能力之中，才能从根本上促进护士整体素质的提高。

3. 促进护理学科的发展　生物 - 心理 - 社会医学模式使护理工作模式发生了一系列的转变，护理学已经发展成为一门为人类健康服务的独立的应用学科。护士不再是单纯被动地执行医嘱和进行护理技术操作，而是应用科学的方法——护理程序，对患者进行身体、心理、社会等全方位的、连续的、系统的整体护理，解决患者的健康问题，满足患者的健康需求。护理程序是临床特有的工作方法，是评判性思维在护理实践中的具体应用。因此，评判性思维能从根本上促进护理学科向科学化的方向发展。

二、评判性思维的构成

评判性思维主要由智力因素、认知技能因素和情感态度因素构成。

（一）智力因素

智力因素是指在评判性思维过程中所涉及的专业知识，专业知识是评判性思维的基础。护理学的专业知识包括医学基础知识、人文社会学科知识和护理学知识等。护士只有在具备一定专业知识的基础上才能对护理问题进行思考，以确定最佳的解决方案。护士思考时还受到知识深度及广度的影响。护士掌握的专业知识越深、越广，对患者健康需要的识别就越准确，作出的临床推理与决策就越合理。

（二）认知技能因素

认知技能是指评判性思维能力，是评判性思维的核心，能够帮助护士在进行临床护理决策时综合运用知识和经验，作出符合情境的判断。认知技能包括解释、分析、评估、推论、说明、自我校准等能力。

1. 解释　指对推理的结论进行陈述以证明其正确性。在解释的过程中，护士可以用相关的科学论据来表述所作出的推论。解释包含的亚技能有分类、解析意义和阐明意义。

2. 分析　指鉴别陈述，提出各种不同问题、概念或其他表达形式之间的推论性关系。分析包含的亚技能有检查不同观点、确认争论的存在和分析争论。

3. 评估　指对相关信息的可信程度进行评定，对推论性关系的逻辑强度加以评判。评估包含的亚技能有评估主张和评估争议。

4. 推论　指根据相关信息推测可能发生的情况以得出合理的结论。推论包含的亚技能有循证、推测可能性和作出结论。

5. 说明　指理解和表达数据、事件、规则、程序、判断、信仰或标准的意义及重要性。说明包含的亚技能有陈述结论、证实步骤和叙述争议。

6. 自我校准　指有意识地监控自我的认知行为，进行及时的自我校准。自我校准包含的亚技能有自我检查和自我矫正。

（三）情感态度因素

情感态度因素是指在评判性思维过程中个体应具备的人格特征,包括心理准备状态、意愿和倾向。在进行评判性思维时,护士应具有以下情感态度特征:

1. 自信负责　指个人相信自己能够完成某项任务或达到某一目标,包括正确认识自己在运用知识和经验方面的能力,相信个人能够分析、判断并正确解决患者的问题。护士有责任为患者提供符合护理专业实践标准的护理服务。一个有责任心的护士应主动维护患者的利益,作出适合患者的临床护理决策,并对所实施的护理行为的后果负责。

2. 正直公正　指护士要像质疑和验证他人的知识与观点那样,用同样严格的检验标准质疑、验证自己的知识与观点,敢于承认自己的不足,客观准确地评估自身观点。在运用评判性思维质疑和验证他人的知识和观点时,不能根据个人或群体的偏见或成见作出判断。在对问题进行讨论时护士应听取不同方面的意见,在拒绝或接受新观点前要全面地理解新观点。当与患者的观点有冲突时,护士应重新审视自己的观点,确定如何才能达到对双方都有益的结果。

3. 好奇执着　好奇心可以激发护士对患者的情况进行进一步的询问和调查,深入探究和了解患者的情况,以获得护理决策所需要的信息。在护理实践中,由于问题的复杂性,护士常需对其进行执着的思索和研究。这种执着的态度倾向于使护士能够坚持努力,即使在情况不明、结果未知或遇到挫折时,也会尽可能地去探究问题,尝试采用不同的护理方法,并努力寻找更多的资源,直到问题成功解决。

4. 谦虚谨慎　指护士认识到在护理实践中会产生新的证据,愿意承认自身知识和技能的局限性,希望收集更多信息,根据新知识、新信息谨慎思考自己的结论。

5. 独立创新　评判性思维要求护士能够独立思考,在遇到不同意见时,应在全面考虑患者情况、阅读相关文献、与同事讨论并分享观点的基础上作出判断。冒险常是诸多护理革新的开始,能有效推动护理学科的发展与进步。护士应具有冒险的精神和勇气,经常客观地反思和检验自己的观点意见,对护理现状、实践活动的固有程序、规范等要善于用新的思路和方法进行质疑、改革与创新。

三、评判性思维的特点

（一）主动性

评判性思维是一种自主性思维,不盲从于他人的行为或被动地接受"权威"的观点,而是积极主动地参与到相应的活动中,运用已有的知识、经验和技能对外界的信息、他人的观点或"权威"的说法进行积极的思考,作出合理的分析与判断。

（二）独立性

质疑是思考的原动力,是解决问题的基础。护士需要通过不断提出问题和解决问题,对自己或他人的思维过程进行个性的、独立的思考,逐渐完善自己的思路,在广泛收集和甄别证据的基础上,作出独立、客观的判断与决策,进而逐步提高自己独立发现问题和解决问题的能力。

（三）创新性

现代护理发展要求护理工作应该具有主动性和创造性。评判性思维通过整合已有的概念、规律,对思维对象中不合理的部分大胆否定,使思维进一步明晰化,促进认识和实践的发展,进而产生创造性的想法和见解,推动护理新理论、新知识、新技术和新材料的变革与发展。

（四）反思推理性

反思和推理是评判性思维的实质过程。评判性思维通过提出问题、深入探究而进行变革与创新。在此过程中,需要有不断反思的意识和批判的精神。在临床实践中,护士在对问题进行鉴别思考、对假说进行验证、对决策进行选择时,必须进行严格、精确的反思和推理。

（五）审慎开放性

护理程序是评判性思维在临床护理实践中的具体应用。在运用评判性思维思考和解决问题时，需要审慎而广泛地收集资料，分析并寻求问题发生的原因，经过理性思考，得出结论。值得注意的是，护士在审慎思考的同时，考虑问题要有高度的开放性，要愿意听取不同的观点，只有这样才能作出正确合理的推论。

四、评判性思维在护理中的应用

（一）评判性思维在护理教学中的应用

将评判性思维应用在护理教学过程中，教师应注意在发挥自身主导作用的同时，充分发挥学生在教育过程中的主体地位，给学生充分的自主权和选择权，使学生明确自己的学习需要，并参与到评价学习的过程中。在课堂教学过程中教师应创造平等、民主的师生关系，鼓励学生积极参与、思考、质疑、争论，敢于大胆提出自己的独立见解，从而创造有利于培养学生评判性思维的教学环境。

（二）评判性思维在护理实践中的应用

在护理临床实践中应用评判性思维可以帮助护士进行有效的临床护理决策，为患者提供高质量的护理服务。评判性思维能使临床护士在护理程序的各个步骤中作出更加科学的有效决策。

护士在评判性地思考临床情境时，要明确思考的目的，使护士的思考指向同一目标。此外，护士除了学习护理专业知识外，还应学习生物科学、社会科学以及人文科学知识，以构建坚实的护理知识和技能基础。在护理实践中护士可以请教有经验的同事、护理教育者等，参考专业的文献资料或医院的政策和程序规范等，也可求助于学术机构。面对复杂的临床情境，护士只有具备足够的知识储备，包括专业知识及相关领域的知识，才能评判性地分析各种资料的意义，进而作出相应的临床决策。

ER 7-3

静脉输液过程中评判性思维的运用

（三）评判性思维在护理管理中的应用

护理管理者的重要职责之一是进行各种决策，正确的决策是有效管理的重要保障。应将评判性思维应用于护理管理中，使护理管理者在决策过程中能够有效地对传统的管理思想、方法进行质疑，对各种复杂的现象、事物与人群进行有效的分析、判断，并作出恰当的决策。

（四）评判性思维在护理科研中的应用

护理科研本身就是对护理现象探索和研究的过程，需要对各种观点、方法、现象等进行思考和质疑，并在此基础上进行调查或实验，以新的、充分的证据得出新观点、新方法、新模式。成功的护理科研要求科研工作者能够有效地运用评判性思维进行质疑、假设、推理、求证。

第二节　临床护理决策

护理评判性思维的主要目的是帮助护士作出符合患者利益的最佳专业决策。护士掌握临床护理决策的方法和步骤，针对不同情境作出正确合理、科学有效的护理决策是促进患者康复的重要保证。

一、临床护理决策概述

（一）概念

临床护理决策（clinical nursing decision）是指在临床护理实践中由护士作出关于患者护理服务的专业决策的复杂过程，这种专业决策可以针对患者个体，也可以针对患者群体。从某种意义上说，临床护理实践就是一系列发现问题和作出决策的过程。

临床护理决策有两层基本含义：一是备择方案多样；二是通过选择消除不确定性状态。临床护理决策既是行为过程，也是思维过程，其目的是使护士在任何时候作出的临床决策都能满足患者的需要，促进或维护患者的健康。在做临床护理决策时，必须进行周密的推理，以便根据患者的情况及其存在的首优问题选择最佳的方案。

（二）临床护理决策的类型

根据决策者对环境因素的可控程度，临床护理决策可分为以下3种类型：

1. 确定型临床护理决策　指决策方案所需条件和结果都准确知道的决策。在该种情况下，决策者确知需要解决的问题、环境条件、决策过程及未来的结果，仅分析各种方案的最终得失，就能作出精准估计的决策。

2. 风险型临床护理决策　指决策的每一种方案有两种或两种以上的可能结果，而且知道每一种结果都有发生的可能性。决策者不能预先确知环境条件，决策问题存在多种自然状态，采用哪一种方案都有风险性，要对多种风险进行应对以防不测。

3. 不确定型临床护理决策　指决策问题的各种可能的结果和出现的概率均不知道的决策。决策者不能预先确知环境条件，方案的最终结果也不可确定。该类型的决策依赖于决策者的临床经验和主观判断。

（三）临床护理决策的原则

1. 信息准确全面　护士只有把握所要解决护理问题的要害才能作出正确的决策，因此收集信息数据的全面性、真实性及准确性对得出科学、审慎的决策结果至关重要。

2. 决策目标明确　护士在进行决策时应明确护理组织的整体目标和所要决策的护理问题，每一项决策都应围绕整体目标开展，如此才能作出符合实际的决策。

3. 择优选择　建立两个以上的可行方案进行比较和选择，针对各种影响因素权衡利弊后选择最优方案，既要抓住决策时机又要能对未来进行判断，敢冒风险又不蛮干。

4. 综合评价可行性　选择方案时要考虑方案的可行性，既要充分评估实施决策方案所要求的主客观条件，预测决策结果及实施后的影响，又要把握和控制决策的风险。

二、临床护理决策步骤

为达到最佳决策的目的，在临床护理决策的过程中，护士应根据临床护理决策的步骤进行缜密的逻辑推理，作出最佳决策。临床护理决策的步骤如下：

（一）明确问题

明确问题是正确解决问题的前提，因此首先要明确存在和需要解决的问题。在明确问题的过程中，护士要对患者的资料进行全面评估，及时准确地判断患者的健康问题，认真分析问题发生的原因。可使用归纳推理或演绎推理等基本的逻辑思维方法来确定患者的问题，从问题发生的时间、地点、情况、处理方法及依据等方面进行评判性分析。

（二）确定目标

问题明确之后，要分析和确定与决策相关的因素。通过认识问题、分解问题、明确差距、分析变化和寻找原因，根据现存的和可能的条件，按照一定的标准对目标的重要性进行排序，建立优先等级，根据具体临床情境及具体问题确定短期和/或长期目标。目标应具有可行性与针对性，并充分考虑目标的具体评价标准。

（三）选择方案

选择方案是临床护理决策的核心环节。护士在选择最佳方案前，应该充分搜集信息及有用证据，寻找各种可能的解决方案并对这些方案进行正确评估。

1. 寻找备择方案　根据决策目标，充分收集相关信息，运用评判性思维全面分析，从多角度审视问题，拟定出各种情况下的备择方案。在护理临床实践过程中，这些备择方案可来自护理干预或患者护理策略等。

2. 评估备择方案 护士根据客观原则对各种备择方案进行评估分析。在此过程中护士应调动患者的积极性，与患者充分合作，共同分析每种方案的价值、优势、劣势、预期结果、可操作性、技术合理性、环境适应性、资源达成的可行性等；评判各方案可能出现的问题、不确定性、困难、风险。护士运用定量分析和定性分析的方法综合权衡、判断，对各种方案进行排序，提出取舍意见。

3. 作出选择 对各种备择方案进行评估后，在确定获取足够的信息、认真判断和缜密思考的基础上，采用一定的方法选择以最低的代价、最短的时间、最优的效果实现既定目标的最佳方案。

（四）实施方案

方案的实施是决策过程中至关重要的一步。在实施阶段，护士应制订具体的措施保证目标的达成，应用目标管理把方案落实到位，并建立反馈进展报告制度，及时调整，预防、减少或克服在实施方案过程中可能出现的问题。

（五）评价反馈

最后要对决策的方案进行评价，并随着执行过程中可能发生的组织内部条件和外部环境的变化，不断修订方案以减少和消除目标的不确定性。当既定目标发生偏离时，及时调整；对无法实现的目标，要重新拟定方案并实施。

ER 7-4

临床护理决策
步骤相关案例

三、临床护理决策的影响因素

临床护理决策的影响因素根据性质可分为个体因素、环境因素和情境因素。

（一）个体因素

决策者的个人背景及行为特征对决策有重要影响，包括个人的经历、经验和对有关情况的把握，个人价值倾向、风险偏好、对问题的感知方式及认知风格，处理信息的能力等。由于决策者的个人因素，对同一问题可能作出不同的决策。

1. 价值观 决策过程是基于价值观的判断。在决策过程中，备选方案的产生及最终方案的选定都受决策者个人价值体系的影响。例如个人价值观会影响护士收集、处理信息和对信息重要性的判断。在临床实践中，护士应清楚地认识到自身的价值观对临床决策的影响，避免根据个人的喜好和风险倾向进行决策。

2. 知识及经验 护士对护理问题的评判性思维和临床决策能力受自身知识深度和广度的影响。科学的临床决策不仅要求护士具备扎实的基础科学、人文科学和护理学知识，还应具有丰富的临床护理经验。丰富的决策经验有助于护士提出备择方案，但每次决策都会受到既往经验的影响。当护士的个人经验与临床目前的情境存在差异时，若护士仍按照自己以往的经验处理问题，则有可能出现错误决策。

3. 个性特征 护士的个性特征如自信、独立、公正等都会影响临床护理决策过程。自信、独立的护士通常能够运用正确的方法作出决策。但过于自信或独立的护士往往容易忽视在临床护理决策过程中与他人的合作，可能对临床护理决策产生不利影响。

4. 个人喜好和风险倾向 决策者的个人喜好和风险倾向会潜移默化地影响决策。决策中涉及的个人风险和代价有物质风险、经济风险、情感风险及时间精力的付出等。护士应注意不能根据自己的喜好和风险倾向进行临床决策。

（二）环境因素

临床护理决策会受到物理环境因素和社会环境因素的影响。物理环境因素包括病房设置、气候等；社会环境因素包括法律法规、社会文化、伦理规范、传统认知、机构政策、护理专业规范、可利用资源等。此外,建立和维护良好的人际关系也有助于临床护理决策,护士与医生、药剂师等其他医务人员进行经常性的沟通,可增加决策的科学性。

(三) 情境因素

1. 与护士本人有关的情境因素 在决策过程中护士所处的状态、对相关信息的把握程度会影响临床护理决策。一定程度的应激及由此而产生的心理反应能促使个体积极准备,作出恰当的决策,而过度的焦虑、应激等则会降低个人的思维能力并影响决策的质量。

2. 与决策本身有关的因素 临床护理决策过程涉及患者的症状、体征、心理行为反应及周围的环境等因素,这些因素本身具有不确定性,随着时间推移还会发生变化,各因素之间可能还存在干扰及冲突,这些均可影响决策的复杂程度。决策的复杂程度越高,决策的难度越大。

3. 决策时间的限制 护理工作的性质决定了在多数情况下,尤其是在现场救护及护理危重症患者时,护士必须快速地进行决策。决策时间的限制可以促使护士在规定的期限内完成任务。

四、发展临床护理决策能力的策略

在复杂的临床环境下运用评判性思维对患者作出合理的临床护理决策,以满足患者的健康需要是当今护士应具备的核心能力之一。临床护理决策是思维过程和行为过程的统一体,护士临床决策能力的培养是个综合的培养过程,需要考虑多方面的因素,其中培养评判性思维与循证护理能力是提高临床决策科学性的重要措施。此外,以下策略可促进护士临床护理决策能力的发展:

(一) 提高运用护理程序的能力

在临床护理决策过程中,提高护士运用护理程序的能力和技巧。例如在护理评估时,可运用系统的评估方法提高评估效率。在对相关问题不了解时,不要盲目行动,应注意积累相关知识,了解健康问题的症状、体征、常见原因及处理方式。

(二) 熟悉相关政策、法规和标准

护士必须具有法律意识和专业责任心,做事认真负责,一丝不苟。护士必须随时了解与自己所从事的工作密切相关的卫生法律规范,明确自己享有的权利及应承担的义务,准确地了解护士职责的法律范围。护士根据自己所受的专业教育及专业团体的规范要求,熟知各项护理工作的原理及效果,为在法律允许的范围内进行临床决策提供依据并规范自己的行为。

(三) 注重人文素质的培养

临床护理决策不是纯粹的专业技术工作,它蕴含着医学固有的关怀精神,体现着对患者的重视、关爱、负责和服务。护士需要具有人文关怀理念,充分理解人文关怀的内涵,正确认识人的价值,理解生命的意义。因此,在护理教育中应该注意培养护士的人文关怀精神,使护士能够在决策过程中始终弘扬人道主义精神,以高度负责、精益求精的职业态度,努力提高临床护理决策水平,为患者提供最好的护理服务。

(四) 注重自我学习提升

护士的临床护理决策能力受其专业知识和能力的影响,这不仅需要护士具备系统完善的人文科学、医学基础理论、护理学基础及临床等多方面的知识储备,而且要求护士具有良好的基础护理技能、专科护理技能、健康评估、沟通技能、综合管理技能、健康教育等多方面的技能。这样才能在面对复杂的临床问题时,从科学的角度作出判断,提出有效的解决方法,及时解决患者的问题。护士要养成终身学习的习惯,在工作中了解自己的优势及不足,不断完善自己的知识及技能,这样才能保持高水平的护理专业服务质量。

(五) 尊重患者意愿

护士应注意关注患者及其重要关系人的需求和意愿,运用倾听、移情、证实、反馈等语言及非语言的沟通方式了解患者的健康状况、心理感受及其文化、信仰和习俗,还应经常思考"患者现在

感觉如何"，并适时与患者沟通，及时了解他们的需求，在作出相关决策时鼓励他们积极参与，进而实施因人而异、因病而异、因治疗而异的人性化护理服务。

（六）重视团队合作

患者的治疗及康复不是一个人所能完成的工作，需要护理、医疗、医技、营养甚至后勤保障等多部门的通力合作。建立和维护良好的团队合作关系，有助于护士在临床护理决策过程中与医生、药剂师等其他医务人员进行充分有效的沟通，以增加决策的科学性。

第三节　循证护理

循证护理既是一种科学的工作方法，也是一种观念或理念。循证思想引导护士在临床护理实践中查询研究证据、评价研究证据及运用研究证据，并寻求最佳证据为临床护理决策提供可靠的科学依据。

一、循证护理的概述

（一）循证护理的概念

循证护理（evidence-based nursing, EBN）是护理人员在计划其护理活动过程中，审慎地、准确地、明智地将科研结论与其临床经验以及患者愿望相结合，获取证据以作为临床护理决策依据的过程。

（二）循证护理的基本要素

1.最佳证据　指来自设计严谨、具有临床意义的研究结论。在循证护理中，证据必须是经过严格界定和筛选来获得的。对通过各种途径查询得到的护理研究结果，必须应用临床流行病学的基本理论和临床研究的方法学以及有关研究质量评价的标准去筛选，对证据的科学性、可行性、适宜性、临床应用价值、有效性以及经济性进行严格评价。只有经过认真分析和评价获得的最新、最真实可靠且具有临床应用价值的研究证据才是循证护理应该采纳的证据。

由于护理学科的属性和特点，护理领域存在证据的多元性问题。除了考虑传统的定量设计研究（随机对照试验、非随机对照试验、病例对照研究、队列研究等）的结果外，人文社会科学和行为科学领域的质性研究和行动研究的设计也应作为进行系统评价时可纳入分析的文献，也可以成为证据的来源。

2.护士的专业判断　护士能敏感地察觉到临床问题、开展循证实践并作出专业决策，重要的前提是护士具有系统的临床知识、丰富的实践经验以及敏感地发现问题的能力。护士应能基于以往的临床经验敏锐地发现问题，并将文献中的证据与临床问题有机地结合在一起，为患者提供适宜的护理活动。

3.患者的需求　是开展循证决策的关键。患者的病情、个人经历、价值观、对疾病的了解程度和家庭背景等的不同导致患者的需求具有多样性，即使同一种疾病的患者在疾病的同一阶段，其需求也可能是不同的。现代护理强调为患者提供个体化、人性化的护理。因此，护士应秉持以患者为中心的理念，充分利用自身丰富的临床经验，结合患者的个体需求，运用循证获取的证据，运用"循证实践"的方法分析患者多种多样的需求，寻求满足其需求的最佳方式。

4.应用证据的情境　证据的应用必须考虑具体的情境。临床情境不同，证据的有效性与可行性则可能不同。因此，在某一特定情境下获得明显效果的研究结论不一定适用于所有的临床情境，这与社会资源分布、医院的硬件和软件条件、文化因素等均有密切的关系。

在循证护理实践中，最佳证据是核心，护士的专业判断是必备条件，患者的需求是关键，具体的情境是证据应用的前提。护士应将以上四者有机结合，在具体的临床情境下，使用当前最新、最佳的证据，根据患者的需求，利用个人的专业判断，为患者提供最佳的护理服务。

二、循证护理的实施程序

循证护理的实践过程是发现问题—寻找证据—解决问题的过程,具体包括以下步骤:

(一)提出循证问题

循证问题的提出是循证实践的开始,也是至关重要的一步。循证护理问题主要来源于临床护理实践,护士在日常工作中要善于观察,并具有评判性思维能力,发现和提出相应的临床问题。只有发现问题,提出问题,并将临床问题转化为结构式、具体化的循证问题,才可能去检索证据,再根据证据去解决问题,使患者最大限度地获益。例如,"机械通气的患者如何进行气道护理?"是一个临床问题,可以转化为循证问题"机械通气的患者进行密闭式吸痰是否较开放式吸痰更能有效地减少呼吸机相关性肺炎的发生率?"

(二)检索研究证据

1. 将提出的临床问题进行结构化 当护士提出一个具有临床意义的问题后,期望能通过检索出当前最佳的研究证据来帮助其进行临床护理决策。为了能检索出最佳的研究证据,首先应采用 PICO 策略将临床问题结构化。P(population)为特定的人群,I(intervention)为干预措施,C(comparison)为比较,O(outcome)为结局。例如,接受诊断性腰椎穿刺的患者,仰卧 8 小时与平卧 2 小时比较,哪种方法能减轻头痛以及减少头痛的频率?

按照 PICO 策略可将此问题解析为:

P:接受诊断性腰椎穿刺的成人患者。

I:接受腰椎穿刺后仰卧 8 小时。

C:接受腰椎穿刺后平卧 2 小时。

O:头痛的频率及严重程度。

2. 确定可能覆盖所研究问题的数据库 先检索与所提问题类型最相关的数据库,若结果不理想,再检索其他相关数据库。

知识拓展

循证资源的分类

循证资源最经典的分类为 2009 年的"6S"金字塔分类模型,其中每个"S"代表一种证据资源类型,由高到低依次为:①计算机辅助决策系统(system);②循证证据整合库(summaries);③系统评价的精要数据库(synopses of syntheses);④系统评价数据库(syntheses);⑤原始研究的精要数据库(synopses of studies);⑥原始研究数据库(studies)。

---

3. 选择恰当的检索词 确定数据库后,需针对分解的临床护理问题选择恰当的检索词。检索词包括自由词(关键词)和主题词。列出一组与所提临床问题有关的词。在检索实践中,由于研究内容的主题在数据库中的检索用词中常常标引得不够完善,没有被列入主题词表,为了提高检索质量和检索效率,在检索时需要同时运用主题词检索和关键词检索。

4. 制订检索策略并实施 针对临床护理问题的情况及数据库的特点,制订检索策略。制订检索策略时需要确定检索的特异性和敏感性,并根据对检索特异性和敏感性的需求,合理使用检索运算符。当对检索的敏感性要求较高时,可选择用"OR"运算符来扩大检索范围,提高相关文献被检出的比例,以提高查全率;当对检索的特异性要求较高时,可选择"AND"或"NOT"运算符来缩小检索范围,排除非相关文献被检索出的比例,以提高查准率。在检索过程中应根据检索目的的检索要求不断调整检索策略。

5. 评估检索结果是否回答了所提出的问题 根据临床护理问题的性质制订文献纳入标准，将收集到的文献进行整理分析，筛选出符合标准的文献，并应用临床流行病学和循证医学的科学评价标准，评价研究证据。应主要从证据的级别、真实性及适用性等方面进行评价，在此基础上选择最佳证据，为临床护理决策提供依据。

（三）评价文献质量

对文献质量进行评价，审慎地将最佳证据应用到临床护理决策中，是循证护理的精髓之一。部分研究证据的科学性和可信性较差，如果将这些证据作为临床护理决策的依据，将对临床工作带来误导。因此，在应用证据之前，应依据科学、规范的评价标准，从文献的内部真实性、临床重要性和适用性三个方面进行质量评价。

（四）汇总证据

在对检索到的文献进行质量评价之后，对筛选出来的符合质量标准的文献，进行定性或定量合成，得出综合可靠的结论。同时，随着新的研究结果的出现，还要及时进行更新，随时提供最新的知识和信息作为临床实践和决策的依据。

（五）传播证据

传播证据指将证据通过电子媒介、期刊、教育培训等方式传递到卫生保健人员、机构、系统中。证据的传播不仅仅是简单的证据和信息发布，而是要通过周密的规划，了解目标人群（如临床专业人员、管理者、政策制定者、消费者等）对证据的需求，设计专门的传播途径，将系统评价的结果等证据资源总结为简洁易读的形式，并标注证据的来源和证据的等级，以最经济的方式进行传递，以利于目标人群有效利用这些研究结果。

（六）引入证据

对证据的真实性和相关性进行评价后，成立循证小组，根据所在单位的条件，结合自身的临床经验和患者需求，评估上述证据中可以应用到本单位的证据。在循证小组达成集体共识后，作出决定，引入相关证据。

（七）应用证据

根据引入的相关证据内容，制订本单位的证据实践指导，如新的护理流程、评价标准等。在应用证据期间，需要经常召开循证小组会议，适时开展护士培训、患者及其照护者的宣教工作，协调并解决出现的矛盾与问题，以确保证据应用后的护理工作顺利实施。

（八）评价应用效果

循证护理是一个动态发展的过程，应在实施后评价证据应用后的效果。效果评价的反馈有助于护理研究质量的提高，使得循证护理更丰富、更确切。循证护理并不单指利用系统评价后的护理文献就可作为制订护理措施的依据，还应将医院现有的各种诊断、监护、治疗、仪器的客观指标作为制订护理措施的依据，并依据临床客观指标对护理效果进行评价。

ER 7-5

循证护理
实践案例

三、循证护理证据来源与分级

（一）证据的来源

循证护理的证据可来源于研究结果、专业共识和经验。护理学科既具有科学性，又具有艺术性，体现了自然科学与社会人文学科的有机结合。护理学科的特性决定了护理研究方法的多样性，护理学科不仅关注实验性研究和类实验性研究，也关注非实验性研究；不仅注重量性研究，也注重质性研究。护理研究方法的多样性决定了其证据来源的多样性。

量性研究体现了研究的客观性和科学性，但忽略了人的主体性和整体性，因此，量性研究在以人为研究对象的护理学研究中存在一定的局限性，仅靠量性研究不足以满足护理学科发展的需要。

质性研究强调人的个体性、主观性和整体性，强调在自然状态下把研究对象放在社会背景下进行整体考察，研究者从研究对象的视角、用研究对象自己的语言和概念符号去诠释他们内心世界的体验，理解其生活和行为方式。在研究人类健康与疾病的体验过程中，质性研究被视为更为适当的方法。因此，质性研究对护理学科有独特的应用价值。

（二）证据的分级

循证护理要求任何临床护理决策都应是基于当前的最佳证据，结合护士的个人能力、临床工作经验及患者的个人意愿来制订的。但即使是最佳的证据也会存在缺陷，因此研究证据并对其进行质量评价是循证护理工作的重要环节。证据的等级评价是证据评价的主要内容。

证据的等级系统包括证据的质量等级和推荐级别。证据质量是对预测值的真实性的把握，常分为高质量、中等质量和低质量证据；推荐强度是遵循某一特定推荐意见的程度，常用强推荐和弱推荐。

关于证据等级的分级方法有很多，其中 GRADE（Grading of Recommendations Assessment, Development and Evaluation；评估、发展和评价建议的分级）系统使用易于理解的方式评价证据质量和推荐等级，已经被多个国际组织、协会采用。GRADE 证据质量与推荐强度分级见表 7-1。

表 7-1　GRADE 证据质量与推荐强度分级

证据质量	具体描述	推荐强度
高级证据	进一步研究也不可能改变该疗效评估结果的可信度	支持使用某项干预措施的强推荐
中级证据	进一步研究很可能影响该疗效评估结果的可信度，且可能改变该评估结果	支持使用某项干预措施的弱推荐
低级证据	进一步研究极有可能影响该疗效评估结果的可信度，且该评估结果很可能改变	反对使用某项干预措施的弱推荐
极低级证据	评价者对效应估计值几乎没有信息，真实值很可能与估计值大不相同	反对使用某项干预措施的强推荐

循证护理
证据分级

四、循证护理实践应注意的问题

循证护理是提高护理学科科学性和有效性的途径，广泛开展循证护理将提高护理服务质量，改变护理工作者单凭经验开展实践的现状。

1. 注重培养循证护理观念　实践循证护理，从本质上讲就是一种观念的革命。在传统的经验护理模式影响下，护理人员习惯于采取经验和直觉式护理。有些护理人员知道"循证护理"一词，但很少能真正认识到开展循证护理实践的重要性。因此，应将循证护理教育深入到护理教育中，普及循证护理知识，培养循证护理观念。

2. 提高循证护理能力　循证护理是一个系统化的过程，循证护理实践对护理人员的素质提出了更高的要求。目前已有越来越多的护理人员获得了针对护理研究能力的系统培训，有助于在临床护理实践领域开展和深化循证护理。比较有效的一条途径是挑选一批具有循证能力的护理人员成立循证研究小组，参与或支持其他护理人员从事循证护理。

3. 提供可靠的科学证据　一方面，鼓励并支持一部分科研意识强、科研基础好的护理人员进行科研工作，以增加护理领域的科学证据；另一方面，应发展循证护理研究机构，建立并完善循证护理资料库，为临床实践及时提供可利用的、可靠的科学证据。

4. 增强行政支持　对于循证护理实践的开展应给予足够的重视、鼓励和支持，提供进行循证活动的机会和条件。应合理配置护理人力资源，给护士实施循证护理以时间上的保障；建立人际支持机制或网络,讨论及解决遇到的问题;开设继续教育培训,提高护士对研究的认识和能力;建立专门的循证护理研究机构,为临床护理循证实践提供服务等。

综上所述,循证护理为护理学的发展提出了新的挑战,同时也带来了新的机遇,深化了护理学的内涵,增强了护理学适应时代发展的能力。循证护理实践的广泛、深入应用将提高护理服务质量,推动护理学科的快速发展。

(詹文娴 魏 娜)

思考题

1. 护士小张已经参加工作5年了,在临床工作中,她逐渐认识到问题是可以有多种解决方法的,而且每种方法各有利弊,她有时会根据具体的情况对问题进行独立分析并选择解决方案。试判断护士小张评判性思维所处的层次。

ER 7-7

练习题

2. 简述发展临床护理决策能力的策略。

3. 简述循证护理实施的具体过程。

第八章 │ 健康管理与健康教育

ER 8-1
教学课件

ER 8-2
思维导图

学习目标

1. 掌握健康管理的概念、健康管理的基本内容和方法、健康教育的原则和方法。
2. 熟悉知信行模式、健康信念模式。
3. 了解护士在健康管理中的作用。
4. 学会健康管理和健康教育的基本方法。
5. 具有健康管理和健康教育的基本素养，关心患者。

情境导入

　　患者，男，47岁，身高170cm，体重84kg，血压142/87mmHg。患者平时工作压力大，常熬夜加班，睡眠严重不足，晚餐多在餐馆饮食，经常饮酒、吸烟，体力活动很少。近一个月，患者自感乏力、嗜睡、全身酸痛，记忆力、体力、耐力全面减退。患者曾行阑尾切除术，其父母均有高血压病史，其姐姐52岁并患糖尿病5年。

请思考：

1. 结合上述情境，你应该如何对该患者进行健康管理？
2. 应从哪些方面有针对性地对患者进行有效的健康教育？

　　健康管理与健康教育是应对高血压、糖尿病、冠心病等慢性病的基本方法，借助信息传播及行为干预，对疾病预防、慢性非传染性疾病及其并发症实施健康管理，提高健康管理服务的普及性，更好地满足公民对健康生活质量的需求，最终为实现健康中国行动目标提供有力保证。护士的重要职责之一是通过健康管理与健康教育，帮助人们改变不良生活习惯，形成良好的健康行为，使其自愿采纳有利于健康的行为和生活方式。

第一节　健康管理

一、健康管理概述

（一）健康管理的概念

　　基于不同的专业视角，健康管理的概念或定义也不尽相同。从公共卫生的角度，健康管理就是找出健康的危险因素，然后进行连续监测和有效控制；从疾病健康管理的角度，健康管理就是通过主动的疾病筛查与及时诊治，对疾病做到早发现、早诊断、早治疗；从健康体检的角度，健康管理是健康体检的延伸与扩展，健康体检服务就等于健康管理。

　　我国比较公认的健康管理的概念是以现代健康观和新的医学模式以及中医治未病理念为指

导，通过采用现代医学和现代管理学的理论、技术、方法和手段，对个体或群体整体的健康状况及影响健康的危险因素进行全面监测、评估、有效干预、连续跟踪服务的医学行为及过程，其目的是以最小的投入获取最大的健康效益。此概念认为健康管理包括健康监测、健康风险评估及分析、健康指导及健康危险因素干预。

（二）健康管理的基本特征

健康管理是在健康管理理论指导下的医学服务过程，其主体是经过系统的医学教育或培训，取得相应资质的医务工作者；客体是健康人群、亚健康人群以及慢性非传染性疾病患者群；重点是健康风险因素的干预和慢性非传染性疾病的管理，以减少危险因素带来的健康风险。健康管理服务过程的特征如下：

1. 前瞻性　即对引起疾病的风险因素进行准确预测、评估及干预，从而防止或延迟疾病的发生、发展，在提高人群生活质量的同时有效降低医疗成本。

2. 标准化　全面、完整的标准化健康信息对个体和群体的健康风险评估至关重要。没有健康信息的标准化，就不能保证健康管理的科学性和可靠性。

3. 全程性　对个体或群体的健康实现全人、全程、全方位的维护，做到未病先防，既病防变，病愈防复，实现健康维护的全过程。

4. 普适性　健康管理的服务对象涵盖所有人群，相对其他学科，健康管理有更加广泛的服务人群，包括健康人群、亚健康人群及患病人群，其服务具有明显的普适性。

5. 综合性　指综合运用已有的医学、管理学等知识对疾病及其危险因素进行分析，并充分调动一切社会医疗资源，制订安全、高效的干预措施，建立切实可行的健康管理方案，以确保资源使用的最大化，最终实现准确、有效的健康干预。

二、健康管理的基本内容与步骤

（一）健康管理的基本内容

健康管理的基本内容包括树立健康理念、认识健康状况和建立健康行为。

1. 树立健康理念　指健康管理者根据服务对象的健康状况，有针对性地改变服务对象对疾病的认识，增强健康管理意识。通过为服务对象提供健康咨询及健康教育等相关理论知识和技能，使其树立正确的健康理念和健康管理态度，鼓励他们建立健康的生活方式和习惯。

2. 认识健康状况　指在健康管理理念指导下，采用现代医学和管理学方法，对个体或群体的健康进行监测、分析、评估，并将结果及时反馈给服务对象，让其科学、全面地了解自身的健康状况，找出患病的风险及主要危险因素。

3. 建立健康行为　指在健康管理者的帮助下，通过树立正确的健康理念，识别自身的健康危险因素，进一步采取健康行动，从而达到提高服务对象健康素养的目的。具体表现为在科学方法的指导下，根据实际的健康状况与风险，改变自己的生活方式与不良习惯，建立健康的生活方式，减少危害健康的风险因素，从而达到较好的健康水平。

（二）健康管理的步骤

健康管理是一种前瞻性的卫生服务模式，其目的是以最少的投入获取最大的健康效应，从而提高医疗服务的效益，扩大医疗保险的覆盖面，增强医疗保障体系的承受能力。

健康管理包括以下三个基本步骤：

1. 健康状况的信息采集　是寻找、发现健康危险因素的过程。通过健康评估或健康体检等方式采集健康信息，发现危险因素，为下一步制订健康管理计划、实施有效的健康管理措施做准备。收集服务对象的个人健康信息，包括个人一般资料、目前健康状况、疾病家族史、职业状况、婚姻状况、生活方式、心理状态、体格检查和实验室检查等资料。

具体方式包括健康评估与健康体检。健康评估是指健康管理者对服务对象进行健康信息的收集；健康体检是指健康管理者根据服务对象的性别、年龄、职业等因素，有一定疾病预测指向性地为个体或人群制订有效、合理的体格检查方案。健康评估与健康体检的目的均是高效准确、有指向性地收集服务对象的健康信息，建立个人或群体健康档案，为后续工作提供基本健康信息与资料。

2. 健康状况的风险评估和预测 是认识健康危险因素的过程。健康风险评估（health risk appraisal，HRA）是健康管理的基础工具和关键技术。传统的健康风险评估一般是以死亡为结果的危险性评估。近年来随着循证医学、流行病学、生物统计学和信息技术的发展，传统的健康风险评估方法已逐步被以疾病为基础的患病危险性评估所取代。患病危险性评估是指用特定的科学方法，根据个体的主要危险因素，对其未来患某疾病的风险进行评估或预测，是慢性病健康管理的核心内容。患病危险性评估的特点是其结果规范且可量化、可重复和可比较。根据评估的结果可将服务对象分为高危、中危和低危人群，分别制订不同的健康状况改善方案，并对其效果进行评估。

健康状况的风险评估和预测是以生物医学、心理学、社会学和管理学等学科知识为基础，采用统计学、流行病学方法、现代信息技术等手段，对采集的个人健康信息进行综合分析处理，以评估服务对象的健康状况，同时对疾病发生或死亡的危险因素进行量化分析和预测，提供评估、预测和指导报告。因此，风险评估的目的是帮助个体全面地了解自身的健康状况，强化健康意识，制订个性化的健康干预措施并对其效果进行评价。

3. 健康风险干预 是解决健康危险因素的过程。在前两个步骤的基础上，通过提供健康咨询与指导，有计划地干预、管理健康风险，帮助被管理者纠正不良的生活方式和习惯，控制健康危险因素，将健康理念和健康计划转化为健康行为，实现个人健康管理计划的目标。健康干预是整个健康管理过程的核心。

健康干预的具体方式主要有个人健康咨询、个人健康管理延续服务、专项健康与疾病管理服务。

（1）**个人健康咨询**：在了解健康状况及进行风险评估后，可为个体提供不同层次的健康咨询服务，如由当地健康管理服务中心提供咨询或个人健康管理师通过面谈进行一对一的指导，让服务对象了解自己的健康状况和疾病的相关危险因素，了解提高健康水平的具体措施，确定预防疾病的具体方案。其内容主要包括分析个人健康信息、评估健康检查结果、提供健康指导意见、制订个人健康管理计划和制订随访跟踪计划等。

（2）**个人健康管理延续服务**：包括健康管理计划中的实施、监督、维持与完善等步骤。具体根据服务对象的需求，结合现有的医疗资源实施。其内容和方式主要包括应用现代信息技术建立平台，对个人健康信息进行查询、作出指导、定期发送健康管理提示信息，以提供个性化的健康管理计划。检查随访则是检查健康管理计划的实现情况，并检查主要危险因素的变化状况。此外，健康教育课堂也是延续服务的重要措施，在营养改善、生活方式改变和疾病控制方面具有良好的促进作用。

（3）**专项健康与疾病管理服务**：对于特殊个体或特殊人群，可根据特定的健康目标制订专项健康与疾病管理服务。对于已经患有慢性病的个体，可针对特定疾病或危险因素提供专项服务，如糖尿病管理、心血管疾病危险因素管理、营养和膳食专项指导服务等。对于无慢性非传染性疾病的个体，可提供的服务包括健康咨询、改善生活方式指导和疾病高危人群的筛查教育等。

健康管理是一个长期、连续、周而复始且螺旋上升，全人、全程、全方位的健康服务过程。在实施健康干预措施一定时间后，需要评估效果、调整计划和干预措施。只有形成闭环，落实健康管理的具体措施，才能达到健康管理的预期效果。在健康管理中，健康体检是前提，健康风险评估是手段，危险因素干预是关键，健康促进是目的。

三、健康管理的组织形式

健康管理的组织形式是指完成健康管理过程的各种组织结构、组织制度、组织场所所构建的系统。该系统包括政府、事业单位、企业及公益机构等，虽然构建者不同，但其组织形式相似，主要包括社区健康管理组织、医院健康管理组织、工作场所健康管理组织及学校健康管理组织等。无论哪种组织形式，只有个体拥有正确的健康管理理念，并将其融合到各种健康管理的组织形式中，才能实现真正有效的健康管理。

1. 社区健康管理 是以社区全体居民为服务对象，对社区居民的健康进行全生命过程的系统监控、指导和维护过程。以社区为基础的健康管理服务对象包括社区健康人群、亚健康人群、慢性病患者、心理疾病患者等各类人群。社区健康管理还可采用分年龄、分片区和分家庭等方式进行，该形式将预防保健、疾病治疗和健康教育结合到一起，落实"小病在社区、大病进医院、康复回社区"的服务模式，真正实现"治未病"的目标。社区健康管理的特点是人群类型较为广泛，可提供基本医疗保健服务。社区健康管理的优点是随访方便，所需医疗成本较低；缺点是专业性和针对性较低等。

2. 医院健康管理 以健康筛查为手段开展健康教育，以降低危险因素，减少慢性病的患病率和死亡率，控制致病因素，减少医疗费用为目的。医院健康管理的优点是专业性和针对性强；缺点是可接纳的服务对象较少，成本较高。

3. 体检中心健康管理 以体检中心为基础的健康管理，可为参加体检的个人或单位提供全方位的健康资料，在对其健康状况及危险因素作出准确评估的基础上，建立完整的健康档案。体检中心健康管理的特点是人群类型有较明显的共同致病因素，适合针对群体制订健康管理方案。体检中心健康管理的优点是监测的人群类型相对集中，适合特定人群研究数据的收集与分析，并且提供的服务较为专业；缺点是较难实施跟踪和随访。

4. 工作场所健康管理 是促使工作场所管理者提高对健康影响因素的控制能力，改善其所有成员健康的管理。工作场所健康管理的特点是人群的共同因素较多，特征性较强。工作场所健康管理的优点是便于针对群体制订健康管理方案，容易实施跟踪和随访；缺点是服务的专业性较为有限。

5. 学校健康管理 是对学生的健康危险因素进行全面管理的过程，其宗旨是调动学生自我健康管理的积极性，有效地利用现有资源达到最佳的效果。学校健康管理的特点主要以教育为主，目的在于培养学生的健康观念。学校健康管理的优点是具有较强的可行性和可操作性，成本低；缺点是提供的服务专业性较低。

四、护士在健康管理中的作用

健康管理是一项复杂的系统工程，需要综合应用预防医学、临床医学、健康行为等学科领域的相关知识，护士在接受系统的专业培养过程中，知识体系涉及这些学科领域。因此，护士在健康管理中具有一定的优势，在健康管理活动中发挥重要的作用。

（一）为服务对象提供有关健康的信息

健康教育的服务对象是整个社会人群，可以是个体，也可以是群体；可以是健康人，也可以是患者。护士应根据服务对象的特点和需要，为其提供有关预防疾病、促进健康的信息，唤起人们对自身及社会的健康责任感，使其投入到健康教育和健康促进活动中，提高公众的健康意识。

（二）帮助服务对象认识影响健康的因素

影响健康的因素多种多样，护士应帮助人们认识危害健康的不良行为习惯和生活方式等因素，根据个体、家庭、社区的具体情况使其树立健康理念，鼓励人们保持健康的生活方式和行为习惯，提高人群的健康素质。

（三）帮助服务对象确认存在的健康问题

护士通过对个人或群体健康状况的全面评估，帮助服务对象识别可能存在的危险因素，确立现存或潜在的健康问题；通过健康教育，协助他们解决健康问题，恢复和保持健康。

（四）指导服务对象采纳健康的行为

护士通过健康教育或健康干预为服务对象提供健康保健知识和技能，帮助他们解决自身的健康问题，从而提高个体或人群的自我保健能力。例如教育儿童正确的刷牙方法和预防龋齿的知识，教会女性自我检查乳房的方法，为老年人举办健康生活讲座等。

（五）开展有关健康管理的研究

护士是卫生保健工作的重要成员，是健康管理的主力军。因此，针对不同人群、不同领域，加强对健康管理方法与手段的研究，提高健康管理的成效也是护理工作者的责任。例如针对不同疾病患者、不同职业人群、不同年龄阶段的健康管理，针对城市、农村、学校、工厂等不同社区的健康管理，针对不同学科领域的健康管理等。

第二节　健康教育

健康是人的基本权利，也是社会与经济发展的重要基础。随着医学模式的转变和护理观念的更新，护理工作的核心不仅是解除疾病所带来的痛苦，更重要的是通过健康教育达到预防疾病和促进健康的目的。因此，护士学习健康教育理论的基本知识，可以帮助其在工作中更好地选择健康教育的方法与途径，不断提升自身的健康教育能力。

一、健康教育概述

（一）健康教育概念

健康教育（health education）是借助多学科的理论和方法，通过信息传播和行为干预，帮助个人和群体掌握卫生保健知识，树立健康观念，自愿采纳有利于健康的行为和生活方式的教育活动与过程。

健康教育是一项有计划、有目的、有评价的教育活动。该教育活动是通过信息传播和行为干预等手段，帮助个体和群体掌握卫生保健知识，树立健康观念，自觉地改变不良健康行为和生活方式，消除或减轻影响健康的危险因素，从而达到预防疾病、促进健康的目的。健康教育关注的是行为问题，核心问题是促使个体和群体改变不健康的生活方式，本质是教育个人或群体对自己的健康负责，并对他人产生积极影响。

（二）健康教育的意义

1. 健康教育是实现初级卫生保健的关键　"人人享有卫生保健"是全球卫生战略目标，初级卫生保健是实现这一目标的基本途径和策略，而健康教育是初级卫生保健的八项要素之首。《阿拉木图宣言》指出健康教育是所有卫生问题、疾病预防方法及控制措施中最为重要的，是能否成功实现初级卫生保健任务的关键。

2. 健康教育有利于提高人群的自我保健意识和能力　健康教育可以使人们了解和掌握自我保健知识，培养健康责任感，自觉地采纳有益于健康的行为和生活方式，提高个人的自我保健能力。

3. 健康教育能够节约医疗卫生资源和提高效益　健康教育实践证明，人们改变不良的行为方式和生活习惯，采取有益于健康的行为，能有效地降低疾病的发病率和死亡率，减少医疗费用。健康教育的成本投入所产生的效益，远远大于高昂医疗费用投入所产生的效益。健康教育是一项投入低、产出高、效益高的健康保健行为，是节约卫生资源、提高人们健康水平的有效措施。

二、知信行模式

健康教育相关理论与模式是健康教育活动的指南，可以帮助理解、分析行为变化的过程，是评估健康需求、实施健康教育计划、评价健康教育效果的理论框架。各国学者提出了多种健康教育理论模式，应用较多的模式有知信行模式、健康信念模式等。

（一）知信行模式概述

知信行模式由梅奥（Mayo）等人于 20 世纪 60 年代提出，重点阐述了知识、信念和行为之间的递进关系，将人们的行为改变分为获取知识、产生信念和改变行为三个连续的过程。

"知"是指对疾病或危害健康的相关知识的认知和理解。"信"是指对已获得的疾病相关知识的信念以及对健康价值的态度。"行"是指在健康知识、健康信念和态度的动力作用下，产生有利于健康的行为。该理论认为知识是行为改变的基础，信念和态度是行为改变的动力。人们只有了解并掌握了有关健康的知识，建立起积极、正确的信念和态度，才有可能改变危害健康的行为，形成有益于健康的行为。

（二）知信行模式在健康教育中的作用

按照知信行模式开展健康教育活动，以预防艾滋病的健康教育为例，首先要通过多种方式，将艾滋病的病因及病理机制、传播途径、预防方法、危害性等信息传授给学习者。其次要帮助学习者树立正确的信念。只有当学习者接受了有关艾滋病的知识，并意识到它的危害性，通过思考增强了对保护自己和他人健康的责任感时，才会产生预防艾滋病的心理需要。最后在这样的信念支配下，学习者方能产生预防艾滋病的积极态度，摒弃相关的危险行为。

人们从接受知识到改变行为是一个漫长而复杂的过程，知、信、行三者之间只存在因果关系，并没有必然性。当一个人的信念确立以后，如果没有坚决转变的态度，改变行为的目标也不会实现。

三、健康信念模式

（一）健康信念模式概述

健康信念模式（health belief model，HBM）是解释或预测个人信念如何影响健康相关行为改变的常用模式，尤其适用于实施健康教育及分析服务对象依从性行为的影响因素。该模式以心理学为基础，将刺激与认知理论相结合，认为主观心理过程是人们确定是否采纳有利于健康行为的基础，强调期望、信念对行为的主导作用。该模式强调，如果个体具有正确的健康信念，就会接受劝导，采纳正确的健康促进行为，改变不良行为。健康信念模式主要由对疾病威胁的认知、自我效能、提示因素、影响及制约因素组成。

（二）健康信念模式在健康教育中的作用

健康信念模式在健康教育中应用广泛，它不仅用于解释各种健康行为的维持和变化，也成为指导行为干预、促使健康行为形成的重要理论框架。健康信念模式可以指导护士从影响人们的健康信念入手，利用手册、电视等媒介宣传预防疾病的知识及方法，以帮助人们形成正确的健康认知、增强人们的健康信念，使人们愿意主动采纳积极的预防性措施，从而达到防治疾病的目的。然而，健康信念模式也存在一定的局限性，因其建立在认知理论的基础上，故在分析健康行为的影响因素时，该模式会更多地考虑认知因素而较少地考虑与行为相关的情感、环境及社会学等因素。

四、健康教育的原则和方法

健康教育是一项复杂、系统的教育活动，必须遵循一定的原则、方法和科学的程序，才能达到教育的目的，促使个体和群体改变不健康的行为和生活方式。

（一）健康教育的基本原则

1.科学性和可行性原则 健康教育内容的科学、正确、翔实是达到教育目的的首要环节。健康教育的内容必须有科学依据，引用的数据要可靠无误，举例应实事求是，同时应注意及时摒弃陈旧过时的内容并运用新的科学研究结果；实施健康教育必须建立在符合当地的社会、经济、文化及风俗习惯的基础上，否则难以达到预期的目的。人们的许多不良行为或生活方式受社会习俗、文化背景、经济条件等影响，如居住条件、饮食习惯、工作环境等。因此，健康教育必须考虑到以上因素，以促进健康教育目标的实现。

2.启发性和通俗性原则 健康教育不能靠强制手段，而应通过启发教育，让人们理解不健康行为的危害性，形成自觉的健康意识和习惯。为了提高教育效果，可采取多种启发性教育形式。例如采用生动的案例或组织同病种患者交流经验与教训，其示范和启发作用比单纯的说教效果更好。在开展健康教育工作时，应采取学习者易于接受的、通俗易懂的语言，尽量使用大众化语言。例如在讲解健康知识时，对于儿童可多使用形象生动的比喻。

3.规律性和直观性原则 健康教育要遵照不同人群的认识、思维和记忆规律，由简到繁、由浅入深、从具体到抽象地进行。学习是一个循序渐进的过程，拟定教育计划时应注意学习的重复性和学习效果的累积性，注意再次学习的内容应该建立在上一次学习的基础之上，并且每次的教学内容不宜安排得过多，逐渐累积才能达到良好的学习效果。许多健康知识较抽象，理解难度较大，可采用形象直观的现代技术手段如视频、影像等，生动地展示教学内容，以提高个体或人群的学习兴趣和对知识的理解程度。

4.针对性和适用性原则 健康教育对象的年龄特征、健康状况、学习能力等千差万别，对卫生保健知识的需求也不尽相同。因此，在实施健康教育之前，要全面评估他们的学习需要，在此基础上制订有效可行的教育计划。例如对糖尿病患者应重点讲解糖尿病的饮食护理和尿糖检测方法；对高血压患者应重点讲解血压的测量方法和规律服药的重要性。在实施健康教育时，还应根据不同人群的特点，采用不同的教育方法，设计与教育对象年龄、性别、爱好、文化背景等相适宜的教学活动。例如对于老年人，在实施健康教育的过程中应注意重复和强化。

5.合作性和行政性原则 在卫生保健服务中，要求个人、家庭、社区、卫生专业人员、卫生服务机构和政府共同承担健康促进的责任，以实现健康教育的目标。健康教育活动不仅需要教育者、教育对象的参与，也需要社会和家庭等支持系统的合作参与，以有效促进学习者采取健康行为。

（二）健康教育的程序

健康教育是一项复杂的系统工程，包括评估教育需求、设立教育目标、制订教育计划、实施教育计划、评价教育效果。

1.评估教育需求 评估教育需求是指收集学习者的有关资料和信息进行整理、分析，并对他们的教育需求作出初步的估计。评估的内容主要包括学习者的学习需求、学习能力、教学资源和教育者的准备情况等。

（1）评估学习需求：在进行健康教育前，需要了解学习者的基本情况，包括健康状况、社会文化背景和心理状态，如职业、信仰、文化程度、工作环境、生活方式、行为习惯、经济条件以及对健康教育的兴趣和态度等，判断学习者对健康知识和健康技能的缺乏程度，确定健康教育的主要内容。对不同个体的教育内容应有所不同。例如对产妇的教育内容重点是产褥期保健、新生儿喂养及护理；对等待手术的患者教育内容重点是帮助其解除对手术的恐惧，使其积极配合术前准备。

（2）评估学习能力：了解学习者的年龄、听力、视力、记忆力、反应能力等，以便选择适宜的教育方法和内容。例如对视力下降者可采用讲解式教育；对听力障碍者可采用演示、图片等方式；对儿童可采用讲故事、做游戏、看动画片等方式；对记忆力、反应能力下降者应耐心细致，做到反复强化；对有剧烈疼痛、身体不适、疲乏等情况的患者，可适当推迟健康教育的时间或先简单交代重点事项,待患者身体状况好转后再进行。

（3）**评估教学资源**：评估达到健康教育目标所需要的时间、参与人员、教学环境、教学资料及设备等。

（4）**评估准备情况**：在进行健康教育前,教育者应对自己的准备情况进行评估。其包括评估计划是否周密、备课是否充分、教具是否齐全、对象是否了解等,以指导自己做好充分准备。

2. **设立教育目标**　目标是行动的指南,也是评价教育效果的依据。明确健康教育的具体目标有助于教育计划的实施。

（1）**目标应具有针对性和可行性**：要充分考虑学习者的学习能力、学习需求、学习兴趣与态度、知识与技能的掌握和需求情况等,使制订的目标切实可行。

（2）**目标应具体、明确和可测量**：目标应表明具体需要改变的行为、达到的程度及预期时间等。目标越具体、明确、可测量,越具有指导性和实用性。

（3）**目标应以学习者为中心**：制订目标时应以学习者为中心,充分尊重学习者的意愿,通过共同商讨达成共识,以利于调动学习者的主观能动性,取得较好的教育效果。

3. **制订教育计划**　计划是为了实现教育目标而制订的详细措施和步骤。计划可以使工作变得井然有序,减少不确定性和变化的冲击,同时计划也是一种协调,可以减少重复与浪费。因此,一个好的计划是实现目标的行动纲领。

教育内容必须以教育目标为导向,适合学习者的年龄特点、学习能力和学习需求。制订计划时要列出实现计划所需的各种资源,可能遇到的问题和障碍,找出相应的解决办法,确定计划完成的时间。一份完整的教育计划应以书面形式表达出来,教学内容、参加人员、具体时间、地点、方法、进度、所需设备、资料等都应有详细的说明。

4. **实施教育计划**　实施教育计划就是将计划付诸实践的过程。在实施计划前,应对参加健康教育的人员作相应的培训,使其详细了解教育目标和具体任务。在实施计划过程中,要与学习者建立和谐的人际关系,创造轻松、愉快的学习环境；要及时了解教育效果,在实施过程中定期进行阶段性的小结和评价,根据需要对计划进行必要的调整,以保证计划的顺利进行。

5. **评价教育效果**　评价教育效果是将健康教育结果与预期教育目标进行比较的过程。评价的目的在于及时修改和调整教育计划、改进教学方法、完善教学手段,以取得最佳的教育效果。健康教育效果评价分为阶段评价、过程评价和结果评价。评价的内容包括所提供的健康教育内容是否为公众所需要的,教学目标及计划是否切实可行,教育计划是否得到有效执行,是否达到教学目标,是否需要修订教育计划等。

（三）健康教育的方法

健康教育的方法多种多样,教育者可根据教育目的,针对不同的学习者,选择相应的方法。

1. **专题讲座法**　专题讲座是一种较常用的比较正式、传统的健康教育方式,一般由专业人员对有关健康的某个专题进行讲授,以语言讲授为主,配合文字资料、视频、图片等,将信息传达给学习者,如针对高血压疾病的预防保健知识组织讲座。这种方式容易组织,适用于除儿童以外的各种大小团体,能在有限的时间内,将知识传授给较多人。但是该教学方法是一种单向性的思想传递方式,教学效果与讲授者个人的语言素养关系较大。如果听众多,讲授者无法与听众进行良好的沟通,不能充分照顾听众的个别差异。为了提高教学效果,讲授者应针对听众备课,预先了解听众的人数、受教育程度、职业等；选择适宜的教学环境,如安静、光线充足、温湿度适宜和教学音响设备良好的环境；注重讲授技巧,最好配以视频、图片等；把握好授课时间,提高教育效果。

2. **小组讨论**　小组讨论法主要是针对学习者的共同需要或存在的相同的健康问题,以小组或团体的方式进行健康信息的沟通及经验交流。讨论法使学习过程变被动为主动,大家就共同关心的问题展开讨论,各抒己见,以提高学习兴趣,加深对问题的认识和理解,促使态度或行为的转变。

参加小组讨论的人员以不超过 20 人为宜，尽量选择年龄、健康状况、文化程度等相似的人组成同一小组。在讨论过程中，主持者应注意调节气氛，适时予以引导、提示、鼓励和肯定，在结束时对讨论结果进行简短的归纳和总结。

3. 角色扮演法　角色扮演法是一种通过行为模仿和行为替代来影响个体心理过程的方法。通过制造或模拟一定的现实场景，使教学内容剧情化，由学习者扮演其中的角色，使之在观察、体验和分析讨论中理解知识，受到教育。此法适用于儿童和年轻人。其特点是学习者的参与性强，通过角色扮演后的讨论能让学习者获取较牢固的知识。

4. 个别会谈　个别会谈是指健康教育者根据学习者已有的知识经验，借助启发性问题，通过口头问答的方式，引导学习者比较、分析、判断以获取知识的教学方法。它是家庭访视、保健门诊、卫生所诊治患者时常采用的一种简单易行的健康教育方法。会谈时应注意与学习者建立良好的关系，及时了解其存在的困难和问题，以便实施正确的健康教育。

5. 阅读指导法　阅读指导法是由健康教育者指导学习者阅读一些书面材料如与疾病相关的书籍等，使学习者从中获取健康知识。这种方法不受时间和空间限制，资料保存时间久，有一定阅读和理解能力的人均可接受。在准备资料时可适当配以图表、照片等可视性强、色彩明亮、对比适度的材料以帮助学习者理解。

6. 示范法　示范法由健康教育者演示某项操作技术，并详细讲解该项操作的步骤及要点，然后在教育者的指导下让学习者模仿、练习，在结束时让学习者演示，以便了解和评价掌握的情况。该方法适用于教授操作技术或技巧，使学习者有机会将理论应用于实践，并获得某项技巧与能力，如教会高血压患者自己测量血压。

7. 实地参观法　实地参观法是根据教学目的，组织学习者到实际场景观察某种现象，以获得感性知识的教学方法。例如组织术前患者会见术后恢复较理想的患者，以增强患者对手术治疗的信心。组织参观前应做好充分的准备，参观时要告知参观者参观的目的、重点及注意事项，参观时间要充裕，让学习者随时提问，参观后应配合讨论，以达到教育目的。

8. 视听教学法　视听教学法是采用图表、模型、标本或录像等视听材料进行健康教育的方法。这种方法内容形象、生动，能激发学习者的学习兴趣，教育效果较好。视听教学法既可针对个体，也可针对群体，但是成本较高，需要一定的设备和经费保障。

糖尿病患者的
健康教育
宣传册

健康教育之
糖尿病患者的
饮食指导

上述教育方法各有特点，护士可以根据情况采用一种或几种方法综合利用。在健康教育中，灵活的教育方法和娴熟的教育技巧是顺利开展健康教育的保证。

健康教育对于提高人们的健康素质，促进国家卫生事业发展具有重要意义。健康教育是一项需要各级政府为组织者，医务人员为骨干，全民共同参与的系统工程。健康教育既是一门技术，更是一门科学，需要在实践中不断研究、发展和完善。

（白彩锋　黄　颖）

思考题

1. 影响个人信念的因素有哪些？请结合知信行模式解释为何戒烟的难度大？
2. 护士在健康管理与健康教育中发挥什么作用？
3. 如何认识健康管理与健康教育的关系？请举例说明。

练习题

第九章 | 护理安全与职业防护

教学课件

思维导图

> **学习目标**
>
> 1. 掌握护理事故、护理差错及护理职业防护等概念；护理安全防护的原则；常见护理职业损伤的防护。
> 2. 熟悉护理安全的影响因素；护理职业损伤的危险因素。
> 3. 了解护理安全防范和职业防护的意义。
> 4. 学会锐器伤等发生后的应急处理。
> 5. 具备严谨的工作作风及护理安全防范意识。

护理安全是医院安全的重要组成部分，主要包括患者安全和护士职业安全。护士应不断强化其职业的安全防护意识，掌握、控制和消除不安全因素，以保障患者和自身的健康与生命安全。

第一节 护理安全防范

医院是以患者为服务对象的特殊工作场所，由于患者所患疾病的复杂性、多样性、不确定性以及部分诊疗、护理技术会对人体产生一定的影响，健康处于弱势的患者和长期工作在这一环境中的护士有可能受到生物、物理、化学、心理或社会等不安全因素的影响。因此，护士应通过采取必要的防范措施来实现对患者和自身的防护，有效规避危险因素，保障患者安全和自身职业安全。

一、概述

（一）概念

1. 护理差错（nursing errors） 是指在护理工作中，由于护士的过失造成患者身心痛苦或延长治疗时间，但未造成人身损害的严重后果或构成事故。

2. 护理事故（nursing accident） 是指在护理工作过程中，护士的过失直接造成患者死亡、残疾、器官组织损伤，导致功能障碍或造成严重人身损害的其他后果。

3. 护理安全（nursing safety） 有狭义和广义之分，狭义的护理安全是指患者在接受护理的过程中，不发生法律和规章制度允许范围以外的心理、机体结构或功能上的损害、障碍、缺陷或死亡。从广义的角度和现代护理管理的发展来看，护理安全还包括护士的职业安全，即在护理活动过程中患者及护士不发生允许范围和限度以外不良因素的影响和损害。

（二）护理安全防范的意义

在护理活动中有预见性地采取科学、有效的护理安全防范措施，既保障患者的安全，又保障护士的职业安全，其对保证护理质量，维护医院正常的工作秩序和社会治安起到至关重要的作用。

1. 有利于提高护理工作质量 护理安全是医院护理质量的核心，与护理质量密切相关。护理安全措施的落实可以减少护理差错、护理事故的发生，提高患者治疗和护理的效果，缩短患者的住院时间,赢得患者对护理工作的认可和信赖,有利于提高护理质量。

2. 有利于创造和谐的医疗环境 保障护理安全、提高护理质量是创造和谐医疗环境的重要条件,而和谐的医疗环境、护患关系良好、医院工作秩序稳定能够促进医院医疗、护理水平的提高,保障患者及医护人员的健康,形成双赢的良好局面。

3. 有利于保护护士的自身安全 护士职业安全是保证患者安全的前提,护理安全的双重内涵也意味着安全防范应包括患者和护士。所以,护理安全措施的有效实施,不仅保障了患者的安全,还可以使护士减少职业暴露的机会,避免职业损伤,保护自身安全。

二、护理安全的影响因素

(一)人员因素

1. 患者因素 各种疾病致使患者身体虚弱、活动受限、自控能力下降而易摔伤;免疫力低下使患者易发生感染;心理压力过大使患者注意力不集中而无法预警危险因素,也易发生伤害。此外,患者认知程度的不足导致遵医行为不良也会带来安全隐患。

2. 医务人员因素 医务人员的综合素质及人力配备情况直接影响着护理安全。

(二)物质因素

护理设备是完成护理任务的重要工具,是保障患者安全的基本要素。器械设备的性能是否完好、质量是否过关、数量是否充足均会影响护理工作的正常开展及救治工作的时效。如果仪器设备存在安全隐患,则会导致护理工作中技术方面的风险加大,影响护理安全。

(三)环境因素

医院的基础设施、布局是否合理也是影响患者安全的因素。医院的患者安全文化是患者安全的重要组织行为保障。此外,熟悉的环境能使人较好地与他人进行交流和沟通,从而获得各种信息与帮助,增加安全感;反之,陌生的环境易使人产生焦虑、害怕、恐惧等心理反应,因而缺乏安全感。

(四)诊疗因素

针对患者病情而采取的一系列检查与治疗是帮助患者康复的医疗手段。但一些特殊的诊疗手段在发挥协助诊断、治疗疾病及促进康复作用的同时,也可能会给患者带来一些不安全的因素。

(五)管理因素

护理管理制度不完善、质量监控不力及业务培训不到位是影响护理安全的重要因素。

三、护理安全的防范原则

(一)完善组织管理体系

医院应成立专门的护理安全管理机构,实施三级管理,即医院护理安全管理委员会、护理安全管理办公室、科室护理安全管理小组分别承担具体的护理安全管理工作,形成层层把关、环环相扣的护理安全管理体系。

(二)健全各项规章制度

1. 建立健全护理安全管理的各项规章制度,如职业防护管理制度、职业暴露上报制度、消毒制度、隔离制度、医疗废物处理制度等,并严格遵守执行,切实提高护理服务的安全性和有效性。

2. 根据护理行业标准,制订各种操作规程,如预防锐器伤操作规程、预防化学性损伤操作规程、预防生物性损伤操作规程等,使护理安全防范做到有章可循、依章办事。

(三)强化职业安全教育

1. 加强护士职业安全教育,树立全员安全理念,使护士从思想上、行动上充分认识到护理职业暴露的危险性和严重性,树立预防为主的安全防范意识。把职业安全教育纳入在校教育与毕业后教育中,并给予考核评定,使之成为长效机制,保证教育效果。

2. 加强专业和法律培训,有计划地为护士提供和创造新知识、新技能、相关法律法规等的培训机会;将护理职业安全纳入护理风险管理,营造安全文化氛围;将护理安全文化与人性化管理系统融合起来,建立和强化护士的安全文化观念和意识。

（四）优化职场安全环境

1. 医院管理者应充分认识到护士职业暴露的危害,创造安全健康的工作环境;应重视护士的个人保健,定期为其进行健康体检和免疫接种。

2. 医院各部门的建筑应设置科学、合理,如传染科病区应分别设有患者通道和工作人员通道,避免交叉感染;存在安全隐患的特殊场所应有醒目的警示标识,如水房应有防滑标识。

3. 加强护患沟通,做好健康教育,建立良好的护患关系,提高患者的依从性。和谐的人际关系有利于护患双方的心理健康。

（五）制订护理安全应急预案

1. 坚持以预防为主,在重视常规监控的基础上,重点监控关键环节,消除护理安全隐患,做到早识别、早处理。

2. 医院各科室应制订科学、规范的护理安全应急预案,护理管理者要重视对护士的专业训练,有应急事件发生时护士应依据科学流程进行娴熟的操作、有效的抢救。

第二节　护理职业防护

随着护理功能的转变,护理新技术、新业务的不断开展和应用,护理工作的主体——护士承担着为患者提供协助诊治及护理的诸多任务,在此过程中护士可能会受到许多职业性危险因素的伤害。因此,护士应具备识别临床护理中各种职业性危险因素及防范和处理职业损伤的能力,以维护自身的职业安全。

一、概述

（一）概念

1. **护理职业暴露**（nursing occupational exposure）　是指护士在工作过程中,接触有毒、有害物质或病原微生物,以及受到心理社会因素的影响而有可能损害健康或危及生命的一种状态。

2. **护理职业风险**（nursing occupational risk）　是指护士在执业活动中可能发生的一切不安全事件。

3. **护理职业防护**（nursing occupational protection）　是指护士在工作过程中采取有效措施,以保护自身免受职业暴露中危险因素的侵袭或将所受伤害降到最低程度。

（二）护理职业防护的意义

1. **提高护士职业生命质量**　护理职业防护既可以避免职业性有害因素对护士造成身体上的伤害,又可以减轻不良的心理社会因素对其造成心理上的压力,还可以控制环境及行为不当引发的不安全因素,从而维护其健康的生活状态,提高其职业生命质量。

2. **科学规避护理职业风险**　通过护理职业防护知识、技能的学习与培训,可以提高护士的职业防护意识,使其在工作中严格履行职业规范要求,有效控制职业性有害因素,科学规避护理职业风险。

3. **营造和谐、安全的工作氛围**　和谐、安全的护理职场环境可使护士产生心理上的愉悦感及职业的安全感、认同感和自豪感,使其心理压力得到缓解、精神卫生状况得到改善,从而提高其职业的适应能力。

二、职业损伤危险因素

（一）生物因素

生物因素是最常见的影响护理职业安全的职业损伤危险因素，主要指护士在从事规范的诊疗、护理活动过程中意外沾染、吸入或食入的病原微生物或含有病原微生物的污染物。护理工作环境中常见的生物因素有细菌、病毒等。

1. **细菌** 护理工作环境中常见的致病菌有葡萄球菌、链球菌、肺炎球菌、大肠埃希菌等，以及存在于重点科室的多重耐药菌，这些细菌广泛存在于医务人员和患者频繁接触的物体表面，如心电监护仪、呼吸机、听诊器、门把手等，以及患者的餐具、被服、生活垃圾中，可通过呼吸道、消化道、血液及皮肤等途径感染护士。细菌的致病作用取决于其侵袭力、毒素类型、侵入机体的数量及侵入途径。

2. **病毒** 护理工作环境中常见的病毒有乙型肝炎病毒（HBV）、丙型肝炎病毒（HCV）、人类免疫缺陷病毒（HIV）等，病毒传播途径以血液和呼吸道传播较为常见。

3. **其他** 如梅毒螺旋体，属于血源性病原体，可引起梅毒。

（二）物理因素

在临床工作中，造成护理职业损伤常见的物理因素有锐器伤、放射性损伤、机械性损伤与温度性损伤等。

1. **锐器伤** 是指一种由医疗锐器如注射器针头、缝合针等造成的伤害，伤及皮肤深部使受伤者出血的皮肤损伤。锐器伤是最常见的职业性有害因素之一，是导致艾滋病、梅毒、乙型肝炎等血源性传播疾病的主要因素之一。此外，锐器伤可给护士造成心理上的伤害，使其产生焦虑与恐惧。

2. **放射性损伤** 在协助患者进行放射性诊断和治疗时，如果护士自我防护不当，可造成机体免疫功能损伤，严重者会引起血液系统功能障碍、致癌。在日常工作中，护士常接触到放射性物质，如果防护不当，可导致不同程度的皮肤伤、眼睛损伤等。

3. **机械性损伤** 是指当身体负重过大或用力不合理时，所致的肌肉、骨骼或关节等的损伤。在日常护理工作中，护士的体力劳动强度大。例如护士在搬运患者、协助患者翻身时用力不当或弯腰姿势不正确，容易引起腰肌劳损、腰椎间盘突出症等；护士长时间站立，易引起下肢静脉曲张；手术室护士在工作中较长时间处于相对固定的姿势，易引起颈部肌肉疲劳，甚至颈椎病等。

4. **温度性损伤** 常见的温度性损伤有热水袋、热水瓶等引起的烫伤，氧气、乙醇等易燃易爆物品引起的烧伤，烤灯、高频电刀等所引起的灼伤。

5. **噪声** 指不悦耳或足以引起人们心理或生理上不愉快的声音，主要来源于监护仪、呼吸机等的机械声、报警声，电话铃声，患者的呻吟声等。护士长期处于高分贝的工作环境中，容易引起听力、神经系统等的损害。

（三）化学因素

化学因素是指护士在从事诊疗、护理过程中以多种途径接触到的化学物质，最为常见的是化疗药物、汞、多种化学消毒剂、麻醉废气等，护士经常接触这些物质可造成一定程度的潜在损害。

1. **化学消毒剂** 护士经常接触且容易对其造成损伤的化学消毒剂有甲醛、过氧乙酸、戊二醛、含氯消毒剂等。轻者可引起皮肤、眼睛、呼吸道等的刺激症状，如皮肤发痒、流泪、气喘等，严重者可造成肝、肺甚至神经系统的损害，表现为头痛、记忆力减退等。

2. **化疗药物** 长期接触化疗药物，若防护不当化疗药物可通过皮肤、呼吸道、消化道等途径入侵体内造成潜在危害，长期小剂量接触可因蓄积作用而产生远期影响，可引起白细胞数量下降和自然流产率增高，还有致癌、致畸、致突变及脏器损伤等风险。

3. **汞** 是医院常见而又极易被忽视的化学性有害因素。在护理操作中使用汞柱式血压计、玻璃体温计及水温计时,若不慎有汞漏出却处理不当,汞可对人体产生神经毒性和肾毒性作用,对人体造成不同程度的损害。

4. 麻醉废气 常见麻醉废气有挥发性卤化物和氧化亚氮。麻醉废气暴露可引起疲劳、易怒、头痛、注意力不集中、应变能力差等症状,还可造成肝、肾功能及造血系统的损害,严重者可致癌、致突变或影响生育能力等。

(四) 心理社会因素

护士常处于超负荷的工作状态;护士常面对患者的痛苦与死亡等情境的刺激;突发的抢救情境、担心差错等对其造成职业紧张;自身再教育的需求与繁忙的工作形成的冲突等,均可引起护士产生各种职业心理问题,影响护士的身心健康。

三、常见护理职业损伤的防护

(一) 生物性损伤的防护

1. 切断传播途径,执行标准预防

(1) **手卫生**:接触每个患者前后及脱手套后,尤其在接触血液、体液、排泄物及污染物后,无论是否戴手套均需洗手,必要时进行手消毒。

(2) **戴手套**:当接触血液、体液、排泄物、破损的皮肤或黏膜,行体腔及血管的侵入性操作,处理被污染的物品和锐器时均应戴手套;若手有破损但仍需进行接触患者的血液及体液的操作时,必须戴双层手套。

(3) **戴口罩、护目镜或呼吸防护器**:操作中,若患者的体液、血液、分泌物等可能飞溅到医护人员的眼、口、鼻时,应戴具有防渗透性能的口罩、护目镜。例如在进行吸痰等操作时,应戴医用外科口罩、护目镜或面屏,以保护眼睛和面部。为呼吸道传播的甲类传染病患者进行气管切开等有创操作时,操作者还应戴全面型呼吸防护器。

(4) **穿隔离衣**:身体可能被患者的血液、体液、分泌物等污染、喷溅时应穿隔离衣或防护服,必要时穿鞋套。

标准预防

标准预防即认定所有患者的血液、体液、排泄物及分泌物等都具有潜在的传染性,接触时均应采取防护措施,以防止血源性传播疾病和非血源性传播疾病的传播。标准预防技术包括洗手、戴手套、穿隔离衣、戴护目镜和面罩等,通过采取综合性的防护措施减少受感染的机会。

标准预防的 3 个基本特点:①既要防止血源性疾病的传播,也要防止非血源性疾病的传播;②强调双向防护,既防止疾病从患者传至医务人员,又防止疾病从医务人员传至患者;③根据疾病的主要传播途径,采取相应的隔离措施,包括接触隔离、空气隔离和微粒隔离。

---

2. 规范处理医疗废物及排泄物

(1) **分类收集**:按照医疗废物分类目录,将其分别置于防渗漏、防锐器穿透的专用包装袋或者容器内,且外面有明显的警示标识和警示说明,注明医疗废物的产生单位、产生日期、类别等。

(2) **规范盛装**:包装物或容器内盛装医疗废物达到 3/4 时,应当使用有效的封口方式,使封口紧实、严密。放入包装物或容器内的感染性废物、病理性废物、损伤性废物不得取出。

(3) **专人管理**:医疗废物由接受过相关法律和安全防护技术等知识培训的专门管理人员管理,按规定穿工作服,戴口罩、帽子及橡胶手套进行医疗废物的收集、运送及分类处理。

(4) **规范排污**:排泄物、分泌物等污物倒入专用密闭容器内经消毒后方可排入下水道或污水池。

3. 重视护士个人保健　建立护士健康档案，定期对护士进行健康检查和免疫接种。

（二）物理性损伤的防护

1. 锐器伤的防护　锐器伤防护的主要原则是加强职业防护教育，规范操作，提高防护意识，完善防护措施。

（1）**加强安全教育**：管理者应重视对护士职业防护的培训，建立预防锐器伤制度，加强实习护士和新护士上岗前的职业防护教育，使之认识到锐器伤的危害，提高自我防护意识，自觉采取防护措施，确保职业安全。

（2）**纠正危险行为**：在使用和处理锐器时应严格执行操作规程，纠正危险行为。例如：①抽吸药液后立即用单手（禁止双手）回套针帽；②掰开安瓿制剂时应垫无菌纱布；③传递手术器械（如刀、剪、针等）时，可用小托盘传递；④静脉加药时去除针头，通过三通管加入；⑤禁止双手分离污染的注射器和针头；⑥将使用后的锐器直接投入符合国际标准的锐器盒内，封好的锐器盒须有醒目的标识，不得与其他医疗废物混放；⑦禁止直接接触医疗垃圾。

（3）**创造安全环境**：①使用具有安全装置的医疗器具，如采用安全型采血器与采血针头（图9-1）、一次性无针头输液管路等无针连接系统、一次性防针刺伤注射器（图9-2）等，尽量避免工作中的损伤；②实行弹性排班，在治疗高峰期保证护理人力配备，减轻护士工作压力；③操作时保证环境明亮、舒适，操作台平展、宽敞，物品摆放有序；④为不配合的患者注射时，如躁动患者、患儿，应有助手协助；⑤建立信息管理系统，在系统中建立预防锐器伤的相关制度和流程；⑥加强护士健康管理。

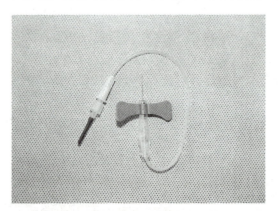

图9-1　安全型采血器与采血针头

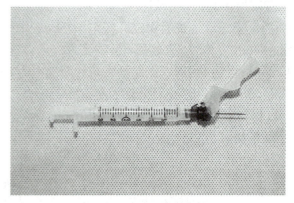

图9-2　防针刺伤注射器

2. 锐器伤发生后的应急处理

（1）保持镇静，戴手套者按规程脱去手套。

（2）立即捏住伤口近心端，向远心端挤出损伤处的血液，禁止直接在伤口局部挤压，以免产生虹吸现象，把污染血液吸入血管，增加感染机会。

（3）用肥皂水清洗伤口并用流动的自来水反复冲洗伤口，黏膜处用生理盐水反复冲洗，再用75%乙醇、2%碘酊或0.5%碘伏消毒伤口，待干后贴上无菌敷贴。

（4）填写锐器伤登记表，及时上报相关部门领导及医院感染科。

（5）**血清学检测与处理原则**：被污染的锐器损害后，根据评估结果及时进行受伤者免疫状态的血清学检测，并于24小时内采取相应的处理措施。

安全型留置针的操作方法

针刺伤的应急预案

3. 机械性损伤的防护

（1）**加强身体锻炼**：坚持锻炼，以提高组织的柔韧性、关节的灵活性，改善局部的血液循环，预防椎间盘的退变及下肢静脉的曲张。

（2）**保持正确的工作姿势**：站位或坐位时，保持腰椎伸直，避免过度屈曲造成腰部韧带劳损。弯腰搬重物时，伸直腰部，双脚分开，屈髋下蹲，后髋及膝部用力，挺腰搬起重物。站立时，双下肢轮流支撑身体重量，适当踮脚，促进小腿肌肉的收缩及静脉血的回流。工作间隙期适当变换体位或姿势，如尽量抬高下肢或锻炼下肢，促进血液回流。

（3）**使用劳动保护用品**：工作时间佩戴腰围以加强腰部的稳定性，休息时解下，避免造成腰肌萎缩。协助患者翻身时适当采用合适的辅助器材，以减轻工作负荷。穿弹力袜可促进下肢血的回流。

（4）**养成良好的生活习惯**：选用硬度和厚度适宜的床垫、均衡营养等。

（5）**避免过重的工作负荷**：在工作中合理排班，实施弹性排班和轮班的方法，避免护士工作强度过大、一次性工作时间过长加重身体负荷，减轻护士的职业压力。

（三）化学性损伤的防护

1. 化学消毒剂损伤的防护　护士在护理实践中会有化学消毒剂的职业暴露，尤其对化学消毒剂接触频率高、时间长、剂量大时会造成慢性中毒甚至致癌，其主要防护措施如下：

（1）**重视防护意识教育**：应强化防护教育与防护措施的落实，依临床需要选择合适的培训内容、培训方式，制订合理的防护措施，使护士充分认识到非规范接触化学消毒剂造成的职业危害，提高自我防护能力。

（2）**严格执行操作规程**：操作前，掌握化学消毒剂的性能、操作规程及注意事项；操作中，严格执行操作规程，采取防护措施；操作后，妥善保管。

（3）**创造安全职业环境**：完善医疗设备、防护设施及监测系统。例如易挥发且有毒性作用的化学消毒剂应严格密闭保存，使用场所应具备空气交换系统，工作人员应戴口罩、橡胶手套、护目镜等防护用品，最大限度地避免直接接触。

2. 化疗药物损伤的防护　应遵循两个基本原则：①减少与化疗药物的接触；②减少化疗药物污染环境。其防护的主要措施如下：

（1）**提供安全的防护用品和设备**：有条件的医院可配备全自动化疗药物配制机器人和密闭式药物配制和转运系统；工作岗位旁配备防溢箱，以防止含有药物微粒的气溶胶对护士造成损害，并避免环境污染。

（2）**配备专业的化疗护士**：应加强护士的职业防护培训。①执行化疗的护士需经过专门的职业训练，增强职业防护意识，并主动实施各种防护措施。②化疗护士应加强身体锻炼，每隔 6 个月应检查肝功能、血常规及免疫功能等，如发现问题应及时调离并治疗。③护士怀孕、哺乳期间避免接触化疗药物。

ER 9-5
化疗药物
配制流程

（3）**遵守化疗药物配制规程**：①配药前洗手，主动佩戴各种防护用具。②掰安瓿前轻弹其颈部，使药物降至瓶底；打开安瓿时垫无菌纱布，避免药液、药粉飞溅并防止划破手套。③溶解药物时，应将溶媒沿瓶壁缓慢地注入瓶底；稀释及抽取瓶装药物时，应插入双针头以排除瓶内压力，防止针头脱出造成污染。④抽取药液后，先在瓶内排气再拔针；将化疗药物加入瓶装液体后应抽尽瓶内空气，以免瓶内压力过大而药液溢于空气中。⑤抽取药物的剂量以不超过注射器容量的 3/4 为宜。⑥操作完毕后脱去所有防护用具，严格彻底冲洗双手并沐浴，以减少药物的毒性作用。

（4）**执行化疗药物给药要求**：①给药时应戴一次性口罩、双层手套、护目镜等，手套应每 30 分钟更换 1 次或被污染后随时更换。②静脉输液给药装置不使用带有排气孔的输液器，必须使用时应在排气孔处固定纱布，以吸收漏出的药液。③确保注射器、输液器接头处连接紧密，防止药液外漏。④排气时，备好无菌酒精棉片或棉球并将其放在针头周围避免药液外流。⑤从茂菲氏滴管加药时，先将无菌纱布包裹在滴管开口处再加药，速度不宜过快，以免药液自管口溢出。

（5）**规范处理化疗药物污染**：①化疗药物外溅后立即标明污染范围，避免其他人员接触。②若药液溢到桌面或地上，应用纱布吸附药液；若为药粉则用湿纱布擦抹，防止药物粉尘飞扬；配药后均应拖地面。③如不慎出现化疗药物暴露后，应立即处理。例如皮肤暴露后立即用肥皂和清水清洗暴露的部位；黏膜暴露后迅速用清水清洗；眼睛暴露后迅速用清水或等渗洁眼液冲洗眼睛并准确记录暴露部位；若不慎溅到工作服上，要立即更换。

（6）妥善处置污染废弃物：①接触过化疗药物的废安瓿、小瓶、一次性注射器、输液器等要放置在有特别标记的、密封的、防漏的、防刺破的容器中，由专人及时处理，避免污染环境。②所有污染物、一次性物品必须焚烧处理，非一次性物品要与其他物品分装、标记并高温处理。③处理48小时内接受过化疗的患者的分泌物、排泄物、血液等时，必须穿隔离衣、戴手套，避免污染。

静脉用药调配中心

　　静脉用药调配中心是指在符合国际标准、依据药物特性设计的操作环境下，经过药师审核的处方由受过专门培训的药技人员严格按照标准操作程序进行全静脉营养、细胞毒性药物和抗生素等静脉药物的配制，为临床提供优质的产品和药学服务的机构。静脉用药调配中心的建立可以规范药液配制，确保药品质量和输液安全；便于药品管理，减少浪费；极大地减轻病房护士的工作量，护士有更多时间有效地开展整体护理；有效地防护护士配制细胞毒性药物引起的职业暴露；提高用药安全性和工作效率等。

3. 汞泄漏的防护　汞泄漏后在常温下即有蒸发，一支玻璃体温计约含1g汞，一台汞柱式血压计约含50g汞。若处理不当，汞可通过呼吸道、皮肤或消化道等不同途径侵入人体，对人体健康造成极大危害，其防护措施主要如下：

（1）加强对汞泄漏的应急管理：建立汞泄漏化学污染的应急处理预案，规范汞泄漏的处理，科室配备汞泄漏处理包。

（2）提高对汞泄漏危害的认识：加强培训学习，提高护士对汞泄漏的致毒途径、危害的认识，强化防范意识，提高对汞泄漏的处理能力。

（3）规范使用含汞仪器

1）规范使用血压计：①使用汞柱式血压计前，先确定汞槽开关关闭，玻璃管无裂缝、破损；在有汞泄漏的可能时，轻轻拍击盒盖顶端使汞液归至零位线以下。②在使用过程中，血压计放置平稳、勿倒置；用毕，使汞液全部归至汞槽再关闭开关。③每半年检测一次血压计，有故障及时送修。

2）规范使用体温计：①为了便于观察和清理泄漏的汞，体温计应放在固定位置的容器里，容器内壁应光滑无缝，垫多层塑料膜。②使用体温计前，需先检查有无裂缝、破损。③使用体温计时要轻拿轻放，勿碰硬物，以免损坏；测量体温时详细告知患者使用体温计的注意事项及汞泄漏的危害，测毕及时收回。④禁止将体温计放于热水中清洗或煮沸，以免爆炸。⑤有条件的医院应尽可能不选用玻璃体温计测量口温、肛温。

（4）正确处理汞泄漏

1）加强易暴露人员的管理：若发生汞泄漏，应将暴露人员尽快转移至室外，若有皮肤接触汞，立即用水清洗。关闭室内所有加热装置，开窗通风。

2）收集汞滴：穿戴防护口罩、乳胶手套、防护围裙或防护服、鞋套，用一次性注射器抽吸汞滴或用硬纸片卷成筒状收集汞滴，也可用纸卷成筒回收汞滴，放入盛有少量水的容器内，密封并注明"废弃汞"等标识，送往专管部门处理。

3）处理散落的汞滴：用适量硫磺粉覆盖在散落的汞滴上3小时，两者发生反应生成无毒、难溶于水的硫化汞。或者用毛笔蘸三氯化铁溶液（10ml 水中加 20% 三氯化铁 5~6g）在汞残留处涂刷，可生成汞和铁的合金，消除汞污染。

4）处理汞污染的房间：关闭门窗，按碘 $1g/m^3$ 加乙醇点燃熏蒸或用碘 $0.1g/m^3$ 撒在地面 8~12 小时，使挥发的碘与空气中的汞生成不易挥发的碘化汞，以降低空气中汞的浓度，结束后开窗通风。

4. 麻醉废气的防护　护士长期接触麻醉废气可导致其在体内蓄积造成慢性氟化物中毒、器官毒性及遗传与生育功能等受到影响，其防护措施如下：

（1）**选择安全的吸入麻醉药物**：为了减少麻醉废气对人体的危害，临床上应选择安全的吸入麻醉药物，尽量减少接触氧化亚氮。

（2）**使用麻醉废气清除系统**：在使用麻醉废气清除系统的过程中，要定期对其进行维护和检查，确保其不漏气，严防管道的松脱和堵塞，确保其正常运转。

（3）**加强对医务人员相关知识的教育**：医务人员需要提高自我保护意识，进行规范操作，避免人为造成麻醉废气的污染，并且利用科学的检测方法定期检测手术室内麻醉废气污染的情况。定期对医护人员进行麻醉废气相关知识的培训，提高医护人员对麻醉废气污染的认识和对麻醉废气污染的防护意识。

（四）心理社会性损伤的防护

心理社会性损伤会导致护士出现各种职业心理卫生问题，进而影响其正常的护理工作，其防护的主要措施如下：

1. 构建良好的工作环境　管理者应增加与护士的交流沟通，了解其身心状况并适时干预，减轻其工作疲惫感。创造无责备、非惩罚的文化氛围，适时为护士提供深造的机会，并给优秀者以奖励和表彰，激发护士的工作热情，增强护士的职业价值感。定期组织文娱活动，营造和谐、良好的人际关系，缓解工作压力。

2. 提高自身的综合素质　定期组织护士进行新知识、新技能的培训，使护士不断进取，提高自身的综合素质，以减轻因知识、技术更新所带来的心理压力，并使其得到社会的尊重和认可。

3. 树立健康积极的生活观　护士应注意合理饮食、劳逸结合、加强锻炼，保持乐观的情绪；学会自我调适，如换位思考、准确定位等，积极应对不良的心理社会因素所致的危害，必要时积极寻求专业的帮助和争取社会的支持。

（黄求进）

思考题

1. 在护理工作中影响护理安全的因素有哪些？
2. "护理安全防范无小事"，你是如何理解这句话的？
3. 举例说明引起护理职业损伤的常见物理因素。

ER 9-7

练习题

第十章 | 护理与法

ER 10-1
教学课件

ER 10-2
思维导图

学习目标

1. 掌握我国护理立法的发展。
2. 熟悉护理立法的意义。
3. 了解世界各国护理立法的概况。
4. 能学会防范护理工作中的法律问题。
5. 具备依法执业的意识和能力。

情境导入

2022年的某日，护士小王在下班回家的路上，发现一位老人在街边突然晕倒，便立即跑上前检查老人的状况并跪地施救。小王为老人进行了心肺复苏和人工呼吸，老人转危为安。

请思考：护士小王的行为是否合法？

第一节 护 理 法

护理工作是卫生健康事业的重要组成部分，涉及维护和促进人体健康的医疗活动，对全面推进健康中国建设、积极应对人口老龄化具有重要意义。护理工作在疾病预防、治疗、康复等领域发挥了重要作用。因此，应用护理法等规范手段对各种护理活动进行调整和规范，不仅是法治建设的需要，也是护理专业自身发展的需要。

一、护理法的概述

1. **概念** 护理法（nursing legislation）是国家通过立法程序制定的有关护士从业资格、权利义务、执业责任和行为规范的法律，对护理工作有规范、约束、监督和指导的作用。

2. **基本内容** 根据1968年国际护士委员会制定的《系统制定护理法规的参考指导大纲》规定，各国的护理法应包括以下四大部分：

（1）**总纲**：阐明护理法的法律地位、护理立法的基本目标、立法程序的规定，护理的定义、护理工作的宗旨与人类健康的关系及其社会价值等。

（2）**护理教育**：包括护理教育的宗旨、种类、专业设置、学制和课程设置标准、审批程序、注册和取消注册的标准和程序等，也包括护生的入学条件、教学质量评估体系等。

（3）**护士注册**：包括有关护士注册种类、注册机构、本国或非本国护士申请注册的标准和程序，从事护理服务的资格等详细规定。

（4）**护理服务**：包括护士的分类命名、各类护士的职责范围及权利与义务、管理系统以及各项专业工作规范、各类护士应具备的专业能力、护理服务的伦理学问题,还包括对违反这些规定的护士进行处理的程序和标准等。

3. 护理立法的历史发展

(1) **世界各国护理立法概况**:20世纪初期,有许多未接受过正规培训及教育的妇女承担了护士工作,使护士的资格标准、职责范围变得模糊不清。为了提高医疗、护理质量,保证护理向专业化的方向发展,许多国家和地区相继颁布了适合本国政治、经济、文化及护理特点的护理法规。1919年,英国率先颁布《英国护理法》。随后,荷兰、芬兰、意大利、波兰等国也相继公布了护理法。1953年,WHO发表了第一份有关护理立法的研究报告。1968年,国际护士会成立了立法委员会,并制定了护理立法史上划时代的纲领性文件——《系统制定护理法规的参考指导大纲》,为各国制定护理法提供了权威性指导。

ER 10-3

护理相关
法律法规

(2) **我国护理立法概况**:随着医疗卫生和护理事业的发展,我国也先后颁布了一系列法令、指示、暂行规定、管理办法等文件。1993年,卫生部颁布了《护士管理办法》,1995年6月,首次举行了全国护士执业考试,标志着我国护士执业考试和注册制度正式建立。2008年,国务院颁布《护士条例》,卫生部颁布《护士执业注册管理办法》。2010年,卫生部、人力资源和社会保障部联合颁布了《护士执业资格考试办法》。2020年和2021年,国务院和国家卫生健康委分别对《护士条例》和《护士执业注册管理办法》的部分条款进行了修订。

二、护理立法的意义

1. 护理管理法治化 通过护理法的实施,保证了上岗护士的基本素质,使一切护理执业活动及行为均以法律为规范,做到有章可循、有法可依、违法必究。将护理管理纳入法治化的轨道,保障了护理工作的稳定性及连续性,防止护理差错事故的发生,有利于护理质量的提高。

2. 促进护理教育及护理学科的发展 护理法将法律思想和护理观念融为一体,为护理专业人才的培养和护理活动的开展制定了一系列法律标准。护理法规定了护士的资格、注册、执业范围等要求,护士应不断学习新知识、新技术,进而推进护理学科的发展。

3. 维护护士的权益 通过护理法,确立了护士的地位、作用和职责范围,使护士在从事正常护理工作的权利、履行自己的法定职责等方面最大限度地受到法律的保护,同时还明确了各级卫生行政部门、医疗机构在护士的使用、培养、待遇和管理等方面的责任,保证了护士的合法权益。

4. 维护服务对象的正当权益 《护士条例》中多个条文规定了护士应尽最大努力履行治病救人的义务,无法律许可,不得以任何借口拒绝护理或抢救患者;不得侵犯服务对象的权利等。对违反护理准则的行为,患者有权依据这些条款追究护士的法律责任。

三、与护理执业相关的法律法规的种类

护理法是指国家、地方以及专业团体等颁布的有关护理教育和护理服务的一切法令、法规,包括护理专业法和护理相关法。

1. 卫生法律 由国家立法机关制定颁布的法律文件。

2. 行政法规 由我国最高国家行政机关即国务院制定颁布的规范性文件。另外还有一些法规的条款与护理专业有关。

3. 部门规章 由国家卫生健康委制定颁布或国家卫生健康委与相关部门联合制定发布的具有法律效力的规范性文件。

4. 诊疗护理规范和常规 广义的诊疗护理规范、常规是指卫生行政部门以及全国性行业协(学)会针对本行业的特点,制定的各种标准、规范制度的总称。狭义的诊疗护理规范、常规是某医

疗机构制定的机构内医务人员进行医疗、护理、检验及医用物品供应等各项工作应遵循的工作方法、步骤。

第二节　护理工作中的法律问题

随着法治化社会的推进,人们的医疗安全意识不断提高。作为护士,应准确理解护士职责的法律范围,掌握护理工作程序及操作标准,在护理执业中正确认识和及时发现潜在的法律问题,避免法律纠纷的产生,依法维护自己及患者的权益。

一、护士的法律责任

护士在执业过程中必须遵守职业道德和医疗、护理工作的规章制度及技术规范,正确执行医嘱,观察服务对象的身心状态,进行科学的综合护理。如果护士在执业过程中有违反法律法规或护理规章制度等行为,则由卫生行政部门视情节予以警告、责令改正、中止注册直至取消注册。如果护士的行为造成患者严重人身损害、构成医疗事故时,根据具体情况必须承担相应的法律责任。

1. 护士按入院流程做好接待入院患者准备。护士在接待急需抢救的危重患者时,应熟练运用自己的临床经验、专业的知识和技能,配合医生及其他医务人员对患者进行救治。

多数患者病情好转或痊愈后会根据医生的建议出院,护士应按照医院的规章制度为患者办理出院手续。少数患者拒绝继续治疗而自动要求出院,护士应耐心做好说服工作。若患者或其法定监护人执意要求出院,则应让患者或其法定监护人在自动出院一栏上签字,并做好护理记录。

2. 护士的护理行为需遵循医嘱进行。医嘱是医生根据病情和治疗的需要对患者在用药、化验、饮食等方面的书面嘱托,也是护士执行治疗、护理的重要依据。在执行医嘱时,护士应熟知各项医疗、护理处理常规,各种常见药物的作用、副作用及使用方法。

3. 护士在实施所有护理行为前都应认真核查,确认无误后方可施行。在护理工作中,护士可独立完成护理活动,也可与他人合作或委托他人完成。在独立完成护理活动时,护士应明确自己的职责范围及工作规范。若超出自己职能范围或没有遵照规范要求进行护理,由此对服务对象产生的伤害,护士将负相应的法律责任。在护士认识到自己不能独立完成护理活动时,应请求他人协助,避免发生意外。在委托他人实施护理活动时,必须明确被委托人有胜任此项工作的资格、能力及知识,否则,由此产生的后果,委托者负有不可推卸的责任。

4. 护理记录是护士针对患者所进行的一系列护理活动的真实反映,既是医生观察诊疗效果、调整治疗方案的重要依据,也是衡量护理质量高低的重要资料。在发生医疗纠纷时,病历资料等原始记录将成为法律证据。临床护理记录作为病历资料的重要组成部分,记录了患者在住院期间接受治疗与护理的具体情形,有着不容忽视的作用。护理记录应客观、真实、及时、准确、完整、规范,不得丢失、涂改、伪造或销毁。护理活动的执行者要及时签名,并承担相应的法律责任。因抢救患者,未能及时书写病历的,应在抢救结束6小时内及时补记,并就此情况加以注明。

5. 遗嘱是患者死亡前的最后嘱托。如果护士作为遗嘱的见证人,应注意以下几点:①应有2~3个人见证。②见证人必须听到或看到,并记录患者遗嘱的内容。③见证人必须当场签字,证明遗嘱是该患者的。④遗嘱的形式包括自书遗嘱、公证遗嘱、口头遗嘱、代书遗嘱等。⑤注意患者立遗嘱时应意识完全清醒,有良好的判断和决策能力。⑥当护士是遗嘱的受益人时,在患者立遗嘱时护士应回避,不能作为见证人,否则易产生道德及法律上的争端。

患者经医生检查确认死亡后,护士应填写有关卡片,做好详细、准确的护理记录,特别是死亡的时间,以防止产生法律纠纷。护士按常规做好尸体护理,并协助将尸体移至太平间。如患者生前同意尸检、捐献自己的遗体或组织器官时,应有患者及家属签字的书面文件。如患者死亡时身旁无亲友,应在至少两人在场的情况下清点、记录其遗物,并交病房负责人妥善保管。

6. 麻醉药品是指对中枢神经有麻醉作用,连续使用后易产生身体依赖、形成瘾癖的药品。这里特指列入我国麻醉药品目录的药物,如哌替啶、吗啡等。临床上仅限于术后、晚期癌症及一些危重患者的镇痛处理。为了及时方便用药,手术室、病房等科室按规定存放一定数量的麻醉药品,要求由专人锁于专柜内保管,护士只能凭专用的医嘱领取及使用这些药物。

7. 护生进入临床实习前,应该明确自己的法定职责范围,并严格按照学校及医院的要求和专业团体的操作规范进行护理工作。在实习期间,护生只能在专业教师或注册护士的指导下,严格按照护理操作规范对患者实施护理。如果脱离专业护士和带教护士的监督指导,擅自行事并对服务对象造成损害时,护生应对自己的行为负法律责任;带教护士对护生负有指导和监督的责任。若由于给护生指派的工作超出其能力,而发生护理差错或事故,带教护士应负有主要的法律责任,护生自己及其所在医院也负相关的法律责任。

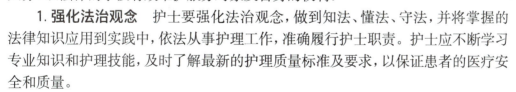

知识拓展

医疗质量(安全)不良事件

医疗质量(安全)不良事件是指在医疗机构内发生或发现的,除疾病自然过程之外的各种因素所致的不安全隐患或造成负性后果的事件。按事件发生后果的严重程度可分为四个级别。

Ⅰ级(警告事件):指患者非预期的死亡,或是非疾病自然进展过程中造成的永久性功能丧失。

Ⅱ级(不良后果事件):指在医疗过程中因诊疗活动而非疾病本身造成的患者机体与功能损害。

Ⅲ级(无后果事件):指虽然发生了错误事实,但未给患者机体与功能造成任何损害,或有轻微后果而不需要任何处理就可完全康复的医疗安全(不良)事件。

Ⅳ级(隐患事件):指由于及时发现,错误在实施之前被发现并得到纠正,未造成危害的事件。

二、护理工作中法律问题的防范

护士必须增强法律意识,正确认识自己在护理工作中应享有的权利及承担的义务,以法律的手段有效维护服务对象及自身的权利。

ER 10-4

医疗纠纷案例分析

1. 强化法治观念 护士要强化法治观念,做到知法、懂法、守法,并将掌握的法律知识应用到实践中,依法从事护理工作,准确履行护士职责。护士应不断学习专业知识和护理技能,及时了解最新的护理质量标准及要求,以保证患者的医疗安全和质量。

2. 加强护理管理 医院护理主管部门应加强职业资格审核,促进护士梯队建设可持续发展,弹性调配人力,减少护士超负荷工作状态,保证护士权益,保证工作环境安全,杜绝无证上岗,最大限度地消除安全隐患。

3. 规范护理行为 护士应严格按照专业团体及工作单位的护理操作规程及质量标准要求开展临床护理工作,全面履行健康照护、病情观察、协助诊疗、心理支持、健康教育和康复指导等职责,落实基础护理,改善护理服务,保证护理质量,为患者提供安全优质的护理服务。

4. 建立良好护患关系 在护理实践中,护士应尊重患者的人格、尊严、信仰及价值观。在与患者沟通的过程中护士应掌握沟通的知识和技巧,注意换位思考,以自己的专业知识及能力为患者提供高质量的身心护理,建立良好的护患关系,减少法律纠纷的产生。

5. 促进信息沟通 护士应与患者、医生以及其他医务人员做好沟通,及时准确地交流与治疗、护理相关的信息,同时应澄清一些模糊不清的问题,以确保患者的安全。

6. 做好护理记录 护士应及时准确地做好各项护理记录。如果护士按照规定实施了护理措施,但没有详细的护理记录,一旦产生医疗纠纷,便有可能由于没有确凿的证据而处于被动局面。

7. 参加职业保险 职业保险是指从业者定期向保险公司交纳保险费,一旦在职业保险范围内发生责任事故,由保险公司承担对受损害者的赔偿。职业保险虽然不能完全消除护士在护理纠纷或事故中的责任,但在一定程度上能够减轻护士的负担。

法律是强化护理管理,使护理专业走向法治化、规范化、科学化发展的重要保证。护士除应具有高度的责任心、过硬的技术水平、优良的服务态度等能力外,还应熟知国家的法律条文。护士要全面认识护理工作中的法律问题,不断强化法律意识,减少甚至杜绝医疗纠纷的发生,维护患者及自身的正当权益,营造和谐的护患关系。

(姚 兰)

思考题

1. 护理立法的意义是什么?
2. 护士在工作中的法律责任有哪些?
3. 如何防范护理工作中的法律问题?

ER 10-5

练习题

领域 1：健康促进（Health promotion）

1. 娱乐活动减少（Decreased diversional activity engagement）
2. 有健康素养改善的趋势（Readiness for enhanced health literacy）
3. 久坐的生活方式（Sedentary lifestyle）
4. 有逃脱的危险（Risk for elopement attempt）
5. 老年综合征（Frail elderly syndrome）
6. 有老年综合征的危险（Risk for frail elderly syndrome）
7. 有体育锻炼增强的趋势（Readiness for enhanced exercise engagement）
8. 社区保健缺乏（Deficient community health）
9. 有风险的健康行为（Risk-prone health behavior）
10. 健康维护行为无效（Ineffective health maintenance behaviors）
11. 健康自我管理无效（Ineffective health self-management）
12. 有健康自我管理改善的趋势（Readiness for enhanced health self-management）
13. 家庭健康自我管理无效（Ineffective family health self-management）
14. 家庭维护行为无效（Ineffective home maintenance behaviors）
15. 有家庭维护行为无效的危险（Risk for ineffective home maintenance behaviors）
16. 有家庭维护行为改善的趋势（Readiness for enhanced home maintenance behaviors）
17. 防护无效（Ineffective protection）

领域 2：营养（Nutrition）

1. 营养失调：低于机体需要量（Imbalanced nutrition：less than body requirements）
2. 有营养改善的趋势（Readiness for enhanced nutrition）
3. 母乳分泌不足（Insufficient breast milk production）
4. 母乳喂养无效（Ineffective breastfeeding）
5. 母乳喂养中断（Interrupted breastfeeding）
6. 有母乳喂养改善的趋势（Readiness for enhanced breastfeeding）
7. 青少年进食动力无效（Ineffective adolescent eating dynamics）
8. 儿童进食动力无效（Ineffective child eating dynamics）
9. 婴儿喂养动力无效（Ineffective infant feeding dynamics）
10. 肥胖（Obesity）
11. 超重（Overweight）
12. 有超重的危险（Risk for overweight）
13. 婴儿吮吸吞咽反应无效（Ineffective infant suck-swallow response）
14. 吞咽障碍（Impaired swallowing）
15. 有血糖不稳的危险（Risk for unstable blood glucose level）

16. 新生儿高胆红素血症（Neonatal hyperbilirubinemia）

17. 有新生儿高胆红素血症的危险（Risk for neonatal hyperbilirubinemia）

18. 有肝功能受损的危险（Risk for impaired liver function）

19. 有代谢综合征的危险（Risk for metabolic syndrome）

20. 有电解质失衡的危险（Risk for electrolyte imbalance）

21. 有体液失衡的危险（Risk for imbalanced fluid volume）

22. 体液不足（Deficient fluid volume）

23. 有体液不足的危险（Risk for deficient fluid volume）

24. 体液过多（Excess fluid volume）

领域 3：排泄 / 交换（Elimination and exchange）

1. 残疾相关尿失禁（Disability-associated urinary incontinence）

2. 排尿障碍（Impaired urinary elimination）

3. 混合型尿失禁（Mixed urinary incontinence）

4. 压力性尿失禁（Stress urinary incontinence）

5. 急迫性尿失禁（Urge urinary incontinence）

6. 有急迫性尿失禁的危险（Risk for urge urinary incontinence）

7. 尿潴留（Urinary retention）

8. 有尿潴留的危险（Risk for urinary retention）

9. 便秘（Constipation）

10. 有便秘的危险（Risk for constipation）

11. 感知性便秘（Perceived constipation）

12. 慢性功能性便秘（Chronic functional constipation）

13. 有慢性功能性便秘的危险（Risk for chronic functional constipation）

14. 排便功能障碍（Impaired bowel continence）

15. 腹泻（Diarrhea）

16. 胃肠动力失调（Dysfunctional gastrointestinal motility）

17. 有胃肠动力失调的危险（Risk for dysfunctional gastrointestinal motility）

18. 气体交换受损（Impaired gas exchange）

领域 4：活动 / 休息（Activity/rest）

1. 失眠（Insomnia）

2. 睡眠剥夺（Sleep deprivation）

3. 有睡眠改善的趋势（Readiness for enhanced sleep）

4. 睡眠型态紊乱（Disturbed sleep pattern）

5. 活动耐力下降（Decreased activity tolerance）

6. 有活动耐力下降的危险（Risk for decreased activity tolerance）

7. 有废用综合征的危险（Risk for disuse syndrome）

8. 床上移动障碍（Impaired bed mobility）

9. 躯体移动障碍（Impaired physical mobility）

10. 轮椅移动障碍（Impaired wheelchair mobility）

11. 坐位障碍（Impaired sitting）

12. 站立障碍（Impaired standing）

13. 转移能力受损（Impaired transfer ability）

14. 步行障碍（Impaired walking）

15. 能量场失衡（Imbalanced energy field）

16. 疲乏（Fatigue）

17. 漫游（Wandering）

18. 低效性呼吸型态（Ineffective breathing pattern）

19. 心输出量减少（Decreased cardiac output）

20. 有心输出量减少的危险（Risk for decreased cardiac output）

21. 有心血管功能受损的危险（Risk for impaired cardiovascular function）

22. 淋巴水肿自我管理无效（Ineffective lymphedema self-management）

23. 有淋巴水肿自我管理无效的危险（Risk for ineffective lymphedema self-management）

24. 自主呼吸障碍（Impaired spontaneous ventilation）

25. 有血压不稳的危险（Risk for unstable blood pressure）

26. 有血栓形成的危险（Risk for thrombosis）

27. 有心脏组织灌注不足的危险（Risk for decreased cardiac tissue perfusion）

28. 有脑组织灌注无效的危险（Risk for ineffective cerebral tissue perfusion）

29. 外周组织灌注无效（Ineffective peripheral tissue perfusion）

30. 有外周组织灌注无效的危险（Risk for ineffective peripheral tissue perfusion）

31. 呼吸机依赖（Dysfunctional ventilatory weaning response）

32. 成人呼吸机依赖（Dysfunctional adult ventilatory weaning response）

33. 沐浴自理缺陷（Bathing self-care deficit）

34. 穿着自理缺陷（Dressing self-care deficit）

35. 进食自理缺陷（Feeding self-care deficit）

36. 如厕自理缺陷（Toileting self-care deficit）

37. 有自理能力改善的趋势（Readiness for enhanced self-care）

38. 自我忽视（Self-neglect）

领域 5：感知 / 认知（Perception/cognition）

1. 单侧身体忽视（Unilateral neglect）

2. 急性意识障碍（Acute confusion）

3. 有急性意识障碍的危险（Risk for acute confusion）

4. 慢性意识障碍（Chronic confusion）

5. 情绪失控（Labile emotional control）

6. 冲动控制无效（Ineffective impulse control）

7. 知识缺乏（Deficient knowledge）

8. 有知识增进的趋势（Readiness for enhanced knowledge）

9. 记忆功能障碍（Impaired memory）

10. 思维过程紊乱（Disturbed thought process）

11. 有沟通增强的趋势（Readiness for enhanced communication）

12. 言语沟通障碍（Impaired verbal communication）

领域 6：自我感知（Self-perception）

1. 无望感（Hopelessness）

2. 有信心增强的趋势（Readiness for enhanced hope）

3. 有人格尊严受损的危险（Risk for compromised human dignity）

4. 自我认同紊乱（Disturbed personal identity）

5. 有自我认同紊乱的危险（Risk for disturbed personal identity）

6. 有自我概念改善的趋势（Readiness for enhanced self-concept）

7. 长期低自尊（Chronic low self-esteem）

8. 有长期低自尊的危险（Risk for chronic low self-esteem）

9. 情境性低自尊（Situational low self-esteem）

10. 有情境性低自尊的危险（Risk for situational low self-esteem）

11. 体像紊乱（Disturbed body image）

领域 7: 角色关系（Role relationship）

1. 养育障碍（Impaired parenting）

2. 有养育障碍的危险（Risk for impaired parenting）

3. 有养育增强的趋势（Readiness for enhanced parenting）

4. 照顾者角色紧张（Caregiver role strain）

5. 有照顾者角色紧张的危险（Risk for caregiver role strain）

6. 有依附关系受损的危险（Risk for impaired attachment）

7. 家庭身份认同紊乱综合征（Disturbed family identity syndrome）

8. 有家庭身份认同紊乱综合征的危险（Risk for disturbed family identity syndrome）

9. 家庭运作过程失调（Dysfunctional family processes）

10. 家庭运作过程改变（Interrupted family processes）

11. 有家庭运作过程改善的趋势（Readiness for enhanced family processes）

12. 关系无效（Ineffective relationship）

13. 有关系无效的危险（Risk for ineffective relationship）

14. 有关系改善的趋势（Readiness for enhanced relationship）

15. 父母角色冲突（Parental role conflict）

16. 角色行为无效（Ineffective role performance）

17. 社会交往障碍（Impaired social interaction）

领域 8: 性（Sexuality）

1. 性功能障碍（Sexual dysfunction）

2. 性生活型态无效（Ineffective sexuality pattern）

3. 生育进程无效（Ineffective childbearing process）

4. 有生育进程无效的危险（Risk for ineffective childbearing process）

5. 有生育进程改善的趋势（Readiness for enhanced childbearing process）

6. 有孕母与胎儿受干扰的危险（Risk for disturbed maternal-fetal dyad）

领域 9: 应对 / 压力耐受性（Coping/stress tolerance）

1. 有复杂的移民调适危险（Risk for complicated immigration transition）

2. 创伤后综合征（Post-trauma syndrome）

3. 有创伤后综合征的危险（Risk for post-trauma syndrome）

4. 强暴创伤综合征（Rape-trauma syndrome）

5. 迁徙应激综合征（Relocation stress syndrome）

6. 有迁徙应激综合征的危险（Risk for relocation stress syndrome）

7. 活动计划无效（Ineffective activity planning）

8. 有活动计划无效的危险（Risk for ineffective activity planning）

9. 焦虑（Anxiety）

10. 防卫性应对（Defensive coping）

11. 应对无效（Ineffective coping）

12. 有应对改善的趋势（Readiness for enhanced coping）

13. 社区应对无效（Ineffective community coping）

14. 有社区应对改善的趋势（Readiness for enhanced community coping）

15. 妥协性家庭应对（Compromised family coping）

16. 无能性家庭应对（Disabled family coping）

17. 有家庭应对改善的趋势（Readiness for enhanced family coping）

18. 对死亡的焦虑（Death anxiety）

19. 无效性否认（Ineffective denial）

20. 恐惧（Fear）

21. 适应不良性悲伤（Maladaptive grieving）

22. 有适应不良性悲伤的危险（Risk for maladaptive grieving）

23. 有悲伤加剧的趋势（Readiness for enhanced grieving）

24. 情绪调控受损（Impaired mood regulation）

25. 无能为力感（Powerlessness）

26. 有无能为力感的危险（Risk for powerlessness）

27. 有能力增强的趋势（Readiness for enhanced power）

28. 心理弹性受损（Impaired resilience）

29. 有心理弹性受损的危险（Risk for impaired resilience）

30. 有心理弹性增强的趋势（Readiness for enhanced resilience）

31. 持续性悲伤（Chronic sorrow）

32. 压力负荷过重（Stress overload）

33. 急性物质戒断综合征（Acute substance withdrawal syndrome）

34. 有急性物质戒断综合征的危险（Risk for acute substance withdrawal syndrome）

35. 自主反射失调（Autonomic dysreflexia）

36. 有自主反射失调的危险（Risk for autonomic dysreflexia）

37. 新生儿戒断综合征（Neonatal abstinence syndrome）

38. 婴儿行为紊乱（Disorganized infant behavior）

39. 有婴儿行为紊乱的危险（Risk for disorganized infant behavior）

40. 有婴儿行为调节改善的趋势（Readiness for enhanced organized infant behavior）

领域 10：人生准则（Life principles）

1. 有精神安适增进的趋势（Readiness for enhanced spiritual well-being）

2. 有决策能力增强的趋势（Readiness for enhanced decision-making）

3. 决策冲突（Decisional conflict）

4. 独立决策能力减弱（Impaired emancipated decision-making）

5. 有独立决策能力减弱的危险（Risk for impaired emancipated decision-making）

6. 有独立决策能力增强的趋势（Readiness for enhanced emancipated decision-making）

7. 道德困扰（Moral distress）

8. 宗教信仰减弱（Impaired religiosity）

9. 有宗教信仰减弱的危险（Risk for impaired religiosity）

10. 有宗教信仰增强的趋势（Readiness for enhanced religiosity）

11. 精神困扰（Spiritual distress）

12. 有精神困扰的危险（Risk for spiritual distress）

领域 11：安全 / 保护（Safety/protection）

1. 有感染的危险（Risk for infection）

2. 有术区感染的危险（Risk for surgical site infection）

3. 清理呼吸道无效（Ineffective airway clearance）

4. 有误吸的危险（Risk for aspiration）

5. 有出血的危险（Risk for bleeding）

6. 牙齿受损（Impaired dentition）

7. 有眼干燥症的危险（Risk for dry eye）

8. 眼干燥症自我管理无效（Ineffective dry eye self-management）

9. 有口干的危险（Risk for dry mouth）

10. 有成人跌倒的危险（Risk for adult falls）

11. 有儿童跌倒的危险（Risk for child falls）

12. 有受伤的危险（Risk for injury）

13. 有角膜损伤的危险（Risk for corneal injury）

14. 乳头乳晕复合伤（Nipple-areolar complex injury）

15. 有乳头乳晕复合伤的危险（Risk for nipple-areolar complex injury）

16. 有尿道损伤的危险（Risk for urinary tract injury）

17. 有围手术期体位性损伤的危险（Risk for perioperative positioning injury）

18. 有热损伤的危险（Risk for thermal injury）

19. 口腔黏膜完整性受损（Impaired oral mucous membrane integrity）

20. 有口腔黏膜完整性受损的危险（Risk for impaired oral mucous membrane integrity）

21. 有周围神经血管功能障碍的危险（Risk for peripheral neurovascular dysfunction）

22. 有躯体创伤的危险（Risk for physical trauma）

23. 有血管损伤的危险（Risk for vascular trauma）

24. 成人压力性损伤（Adult pressure injury）

25. 有成人压力性损伤的危险（Risk for adult pressure injury）

26. 儿童压力性损伤（Child pressure injury）

27. 有儿童压力性损伤的危险（Risk for child pressure injury）

28. 新生儿压力性损伤（Neonatal pressure injury）

29. 有新生儿压力性损伤的危险（Risk for neonatal pressure injury）

30. 有休克的危险（Risk for shock）

31. 皮肤完整性受损（Impaired skin integrity）

32. 有皮肤完整性受损的危险（Risk for impaired skin integrity）

33. 有新生儿猝死的危险（Risk for sudden infant death）

34. 有窒息的危险（Risk for suffocation）

35. 术后康复迟缓（Delayed surgical recovery）

36. 有术后康复迟缓的危险（Risk for delayed surgical recovery）

37. 组织完整性受损（Impaired tissue integrity）

38. 有组织完整性受损的危险（Risk for impaired tissue integrity）

39. 有女性割礼的危险（Risk for female genital mutilation）

40. 有对他人实施暴力的危险（Risk for other-directed violence）

41. 有对自己实施暴力的危险（Risk for self-directed violence）

42. 自残（Self-mutilation）

43. 有自残的危险（Risk for self-mutilation）

44. 有自杀的危险（Risk for suicidal behavior）

45. 受污染（Contamination）

46. 有受污染的危险（Risk for contamination）

47. 有职业性损伤的危险（Risk for occupational injury）

48. 有中毒的危险（Risk for poisoning）

49. 有碘对比剂不良反应的危险（Risk for adverse reaction to iodinated contrast media）

50. 有过敏反应的危险（Risk for allergy reaction）

51. 有乳胶过敏反应的危险（Risk for latex allergy reaction）

52. 体温过高（Hyperthermia）

53. 体温过低（Hypothermia）

54. 有体温过低的危险（Risk for hypothermia）

55. 新生儿体温过低（Neonatal hypothermia）

56. 有新生儿体温过低的危险（Risk for neonatal hypothermia）

57. 有围手术期体温过低的危险（Risk for perioperative hypothermia）

58. 体温失调（Ineffective thermoregulation）

59. 有体温失调的危险（Risk for ineffective thermoregulation）

领域 12：舒适（Comfort）

1. 舒适度减弱（Impaired comfort）

2. 有舒适度增加的趋势（Readiness for enhanced comfort）

3. 恶心（Nausea）

4. 急性疼痛（Acute pain）

5. 慢性疼痛（Chronic pain）

6. 急性疼痛综合征（Chronic pain syndrome）

7. 分娩痛（Labor pain）

8. 有孤独的危险（Risk for loneliness）

9. 社交孤立（Social isolation）

领域 13：生长 / 发展（Growth/development）

1. 儿童发育迟缓（Delayed child development）

2. 有儿童发育迟缓的危险（Risk for delayed child development）

3. 新生儿运动发育迟缓（Delayed infant motor development）

4. 有新生儿运动发育迟缓的危险（Risk for delayed infant motor development）

参考文献

[1] 李小妹，冯先琼. 护理学导论 [M]. 5 版. 北京：人民卫生出版社，2022.

[2] 李晓松，章晓幸. 护理学导论 [M]. 4 版. 北京：人民卫生出版社，2020.

[3] 李小寒，尚少梅. 基础护理学 [M]. 7 版. 北京：人民卫生出版社，2022.

[4] 刘义兰，翟慧敏. 护士人文修养 [M]. 3 版. 北京：人民卫生出版社，2022.

[5] 张连辉，邓翠珍. 基础护理学 [M]. 4 版. 北京：人民卫生出版社，2019.

[6] 钟会亮，吕慕. 护理伦理与法律法规 [M]. 北京：人民卫生出版社，2023.